AF590861

LA FOI NOUVELLE

CHERCHÉE DANS L'ART.

DE REMBRANDT A BEETHOVEN.

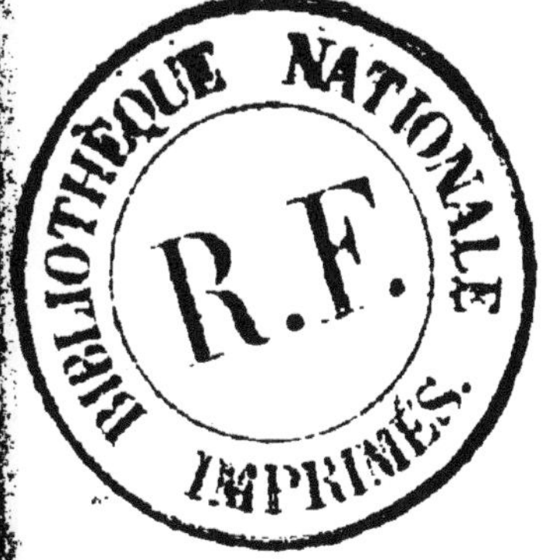

PARIS.

AU COMPTOIR DES IMPRIMEURS-UNIS,

COMON, ÉDITEUR,

15, QUAI MALAQUAIS.

1850

IMPRIMÉ PAR E. THUNOT ET CIE,
26, RUE RACINE, PRÈS DE L'ODÉON.

Celui qui écrivit les pages suivantes, voulut faire un livre qu'il n'a pu faire.

Il en eut la première idée à la campagne, dans l'automne 1847, au retour d'un voyage en Hollande.

Il voulait faire un livre de consolation pour lui et pour ses amis; il voulait partager avec eux les meilleures joies qu'il ait eues en ce monde, celles qu'il éprouva, lorsqu'il crut pénétrer l'âme des grands artistes, en présence de leurs œuvres.

Pour le préparer, il revint étudier, l'hiver suivant, au Musée du Louvre, au Cabinet des estampes; heureux aussi, quand il entrait à grand'-peine aux concerts du Conservatoire, ou lorsqu'aux répétitions il écoutait, inaperçu, derrière une cloison, les symphonies de Beethoven.

Rentrant chez lui, il écrivait ses pensées, comme elles lui venaient : il s'interrogeait chaque jour, se demandant s'il était prêt pour commencer ce livre, ne se trouvant jamais assez digne.

Des événements publics et privés survinrent, ils le jetèrent bien loin de ces pensées.

Après dix-huit mois d'agitations diverses,

retrouvant un peu de loisir à la campagne, il voulut revoir ces papiers, mais il sentit que le temps l'avait emporté. Il avait des devoirs nouveaux à remplir. Il ne pouvait revenir en arrière.

Seulement, il en recueillit quelques fragments pour un ami.

Cet ami a désiré que ces papiers qui lui appartiennent fussent publiés . il veut les adresser à des amis connus et inconnus.

Qu'ils accomplissent ces jeunes gens, chacun dans leur art, dans leur science, ce que l'un des leurs a voulu, mais n'a pu réaliser.

Qu'ils vengent notre malheureuse génération, qui avec tant de pressentiments d'une société meilleure, est condamnée à de si cruelles humiliations. Venant après des générations héroïques, n'aura-t-elle que l'impuissance de les continuer?

Ce n'est point par une recherche de mystère que l'on n'a pas mis de nom à cette publication. Si ce livre eût été fait, il aurait été signé ; l'auteur aurait pris la responsabilité de systèmes qui tendaient à commencer une nouvelle critique des arts.

Ici, il n'y a point de livre, point de systèmes. C'est un homme qui s'interroge. Et tout ce que l'on peut souhaiter, c'est que le lecteur oubliant celui qui parle, croie se parler à lui-même.

Les artistes dont il est question n'ont pas été choisis par un parti pris d'avance. Une impulsion secrète fit étudier leurs œuvres. Elles inspirèrent ces entretiens intérieurs qu'on reproduit, comme ils furent écrits, dans le hasard d'une préparation inachevée. On n'a point essayé de les compléter; on aurait craint de détruire ce qui en fait seulement l'unité, l'impression d'un moment qui n'est plus. Ce ne sont que lacunes, mais qu'importe, si l'intention qu'on eut est manifeste?

Janvier 1850.

I.

Je veux caractériser, par Rembrandt, le foyer, sa chaleur et ses lueurs; montrer la légende chrétienne devenue démocratique dans la cave industrielle; toute maison, toute cabane bénie, digne de l'hôte divin, surtout la plus pauvre.

L'idéal que je trouve dans Rembrandt, c'est guérir, soulager. Il comprit le Christ comme le grand guérisseur. De là, ses gravures du Christ au milieu des malades, du Lazare, et ses tableaux des Pèlerins d'Emmaüs, du bon Samaritain.

II.

Ce sujet me va bien, car c'est moi-même. Pourquoi donc hésiter? Je pourrais indéfiniment rester devant cette formule indistincte, sans rien écrire.

Ai-je ou n'ai-je pas? — Si j'ai vraiment en moi de quoi écrire un livre, il me suffit de prendre une plume. Mais pourquoi dire un livre? C'est là ce qui me glace. Il ne s'agit point de cela, mais d'un épanchement d'espérance et de jeunesse.

Il n'y faut que cette lumière chaudement colorée de l'aurore, qui n'accuse point les objets d'une manière précise. Et si quelques rayons de soleil traversant l'atmosphère encore chargée des vapeurs de la nuit, y donnent cet éclat; quelle sera la chaleur, l'éblouissante clarté du jour que je n'aurai fait qu'entrevoir!

III.

Je commencerais par le foyer, le travail en famille, le ménage.

Je montrerais d'un côté ce philosophe de Rembrandt qui vient de se lever; et qui, près de la fenêtre, se recueille, les mains jointes, dans une action de grâces, pendant que la servante attise le feu, et que descend la ménagère.

Puis dans un autre tableau, le ménage dans la Sainte Famille. Pendant que saint Joseph, habit bas, travaille et menuise, la Vierge, près du feu, découvre son sein pour allaiter l'Enfant; sainte Anne démaillotte et admire. Il entre un rayon de soleil couchant, rayon d'or qui échauffe, nourrit cet intérieur, lumière et chaleur de Dieu.

Avec un sentiment profond des ménagements de la vie, Rembrandt a choisi ces heures: l'heure sereine du matin pour le recueillement du vieillard, et dans l'autre tableau une heure plus chaude pour que le petit enfant soit pénétré de ce bon soleil d'après-midi.

IV.

L'enfant est nu pour recevoir ce soleil qui le fera croître, garanti cependant par sa grand'-mère, pour qu'il puisse mieux boire le lait que sa mère fait sortir de son sein avec une attention si sérieuse.

Qu'on l'appelle *la Sainte Famille*, ou *le Ménage du menuisier*, qu'importe? Cet intérieur est divin.

Il n'y a rien dans cette maison que les plus pauvres ne puissent avoir, car elle n'est pleine que de la grâce de Dieu.

V.

Il semble que le jour ne vienne jamais si pur, que le soleil ne soit jamais si chaud et si bon, que lorsqu'ils entrent dans la maison du peuple.

VI.

Que sera cet Enfant? Le Christ guérisseur, consolant les malades, le Christ de Lazare, le Christ des pèlerins d'Emmaüs.

Puis, en réalité, le Christ devenant homme, ce sera le bon Samaritain.

Véritable fruit du christianisme que tout homme, à l'image du Christ, veuille soulager.

VII.

La Résurrection de Lazare.

(Gravure de Rembrandt).

Le Christ est ici enchanteur plus que médecin. Du geste, de la voix : Lazare, sortez dehors.

Et Lazare sort, monte soulevé par la foi, la justice, la pureté de sa conscience, mais surtout par la force irrésistible du Christ qui a toute vertu.

Tous effrayés ont horreur, se rejettent en arrière.

Sauf Marie qui se précipite, les bras en avant : c'est lui !... elle n'en peut douter... C'est Lazare.

VIII.

Le repas des Pèlerins d'Emmaüs.

(Tableau de Rembrandt, Musée du Louvre.)

... *Accepit panem, et benedixit, et porrigebat illis.*

Le Christ dit : Mes pauvres enfants!... et il ne se sépare pas des hommes. — Aucune figure plus en communion... C'est mon histoire, c'est votre histoire.

Ce n'est point la bonté, l'effort de sortir de soi pour comprendre les autres, c'est l'humanité. — Je suis vous. — *Hoc est corpus meum*, dans le sens sublime.

IX.

Le Christ est reconnu au moment où il rompt le pain (*quomodo cognoverunt eum in fractione panis*).

Qui aurait pu peindre ainsi de face rien qu'un esprit, dans un si pauvre homme!

La jouissance triste du dernier repas, la prière pleine d'amour, de reconnaissance et de sacrifice, tout cela est mêlé dans une sincérité si profonde, qu'il faut avoir vécu pour être si homme.

X.

Au moment où le Christ rompt le pain, toute cette pauvre maison s'éclaire, les murs grossiers se pénètrent d'une lumière divine.

Jamais je ne fus plus ému de la religion qui est dans cette œuvre.

C'est tout ce que je sais du cœur, de la pitié, des œuvres et de la religion du peuple.

XI.

Le Christ voyageant avec les deux Pèlerins d'Emmaüs.

(Musée des Dessins.)

Dessin à la plume, fait avec rien, mais immédiatement avant le tableau du Musée.

Ce dessin plein de souffle représente d'une manière saisissante le moment où, pendant que les deux disciples, un jeune et un plus âgé, *fabularentur et secum quærerent*, le Christ se montre tout à coup entre eux (je suis toujours au milieu de vous). — Il s'est approché si doucement, il a fait si peu de bruit, qu'ils sont surpris de voir cet homme entre eux, mais *ibant et loquebantur*. Cet homme a une voix si douce, un regard si étrange, si attachant, que le plus vieux, le plus soupçonneux, le salue avec une cordialité mêlée de respect. — Où l'ont-ils vu? Ils ne peuvent le définir; mais ils se sentent attirés à lui mystérieusement, au point qu'ils dirent plus tard : ***Nonne cor nostrum ardens erat, dum loqueretur in viâ, et aperiret scripturas.*** — Mon frère, souvenez-vous comme notre cœur était brûlant, lorsqu'il nous parlait.

C'est l'après-midi, Jérusalem se voit dans le lointain. Un cavalier vient de passer, peut-être le Christ les a-t-il rejoints pendant le bruit du cheval. — Maintenant ils sont en pleine campagne, dans une route solitaire, jusqu'au bourg d'Emmaüs.

Rembrandt ne pouvait s'arrêter sur ce dessin et le réaliser en peinture. Il lui suffisait d'un croquis pour cette scène, pleine de mouvement, du voyage à Emmaüs; mais il arrivait ainsi légitimement au moment de la Cène, où les disciples le reconnaissent.

La meilleure préparation pour ce repas solennel, le dernier, où tout est consommé, c'était pour l'artiste, cette rencontre, cette route faite ensemble, tous trois parlant des mêmes choses, et bientôt tous trois unis d'un même cœur.

XII.

Le repas des Pèlerins d'Emmaüs.

Comme le Christ a la bouche parlante! Quelle musique céleste que ce cri sorti du fond des entrailles d'un homme sincère!

Les deux disciples le reconnaissent chacun séparément, parce qu'ils le regardent avec tout eux-mêmes.

Le jeune serviteur qui apporte le poisson, est en rapport par son ingénuité avec cette scène qu'il ne peut pas comprendre.

Sur la table bénie, si splendide par la lumière, il n'y a rien.

Combien ces trois hommes sont pauvres! quel bon goût du cœur de leur avoir donné ces vêtements misérables! Mais la lumière de justice et de miséricorde n'est-elle pas là, pour tout parer, pour tout enrichir!

Rembrandt, à qui on reproche d'avoir affectionné les vêtements bizarres, n'a pas mis un accessoire qui diminuât l'effet d'une telle scène. Qui aurait eu ce tact? Le Titien lui-même, dans ses Pèlerins d'Emmaüs, n'a pas su s'en garder, car, sous la table, il a mis un chien en querelle avec un chat.

Combien peu de ceux qui passent près de moi, regardent ce tableau! Il semble qu'ils n'aient pas les yeux ouverts.

Flamme humaine ou divine (je ne sais comment vous appeler) dont Rembrandt a éclairé ses œuvres, qui vous aura maintenant?

Mozart l'a eue aussi dans sa musique.

Les œuvres de ces hommes sont des foyers qui gardent l'étincelle où peuvent s'allumer d'autres âmes.

Moi qui vous reconnais, comment vous indiquerai-je à tous les pauvres que vous pourriez enrichir!

Weber semble avoir recueilli de même de Paul Potter et de Ruysdael une âme sympathique pour la nature inférieure.

Comment se font ces transmissions entre hommes si éloignés, et souvent qui ne se connaissent point?

Les vrais continuateurs de ces maîtres, on les trouve souvent dans des hommes qui ont eu d'autres arts, qui sont nés dans des nations étrangères.

Si je cherche en Hollande les disciples de Rembrandt, de Paul Potter et de Ruysdael je ne trouve que des copistes, chez qui l'esprit s'est évanoui.

XIII.

Quand nous voyons une même pensée commencée, continuée, réalisée, puis reprise par des artistes si différents, qui appartiennent souvent à des nations ennemies, qui ont des arts étrangers l'un à l'autre; comment n'aurions-nous pas plus de réserve à juger les inconnus qui passent près de nous? Dieu seul sait pourquoi ils vivent, pourquoi ils souffrent, pourquoi ils travaillent. Les hommes de génie ne sont solitaires qu'en apparence : celui qui les aime et les vénère, reconnaît qu'ils tiennent au monde par tant d'âmes, que toutes sont sacrées pour lui.

XIV.

Les types de Rembrandt sont vulgaires, mais ils s'embelliront ces hommes, ces pauvres, ces mendiants. C'est leur Messie qui leur revient dans les œuvres de cet artiste. Il les met en possession d'un trésor, le foyer, la famille.

Pour comprendre ces œuvres de Rembrandt, il faut savoir regarder l'homme dans l'embryon; mais cela ne se peut, que lorsque le cœur est devenu maternel.

XV.

Le bon Samaritain.

(Tableau de Rembrandt, Musée du Louvre.)

Il arrive avec le blessé dans une hôtellerie.

Près de franchir le seuil, le Samaritain se retourne pour veiller au transport du blessé ; la bourse à la main, il n'a pas besoin de parler.

L'enfant qui porte les pieds du blessé se détourne effaré de tenir un homme sanglant ; il n'en a jamais vu en cet état, c'est pour lui chose étonnante, effrayante.

Le garçon d'écurie est accouru les bas pendants, nu-bras. Tout entier à l'homme qu'il porte, il le soutient la tête haute. Il a les yeux fixés sur le Samaritain ; il n'interroge pas, il s'est mis de suite en communication avec le blessé. — Dans cette figure éclate la noblesse du peuple. Ce jeune homme sent bien qu'il participe à une œuvre de soulagement, il en est digne par sa simplicité.

Le cheval qui apporta le blessé, s'abaisse humblement devant une telle scène; il a fait son office, il n'a plus qu'à rentrer dans l'ombre. Derrière lui, un jeune garçon se hausse sur les pieds pour voir le transport du blessé et ne rien perdre de la scène.

Le blessé lui-même ne crie pas; mais la tête bandée, enveloppé dans la houppelande fourrée du Samaritain, il s'abandonne, moitié affaibli, moitié endolori, à cette quiétude qui fera son rétablissement.—Il est déjà guéri moralement, ou plutôt consolé, car il est réconcilié avec les hommes. — D'ailleurs cet homme n'en est pas à sa première épreuve.

C'est l'heure chaude de la pitié, un crépuscule plein de calme et de tranquille douceur, l'heure où il semble que des clartés pareilles à celles du foyer illuminent le ciel; mais il est temps de rentrer, car il se fait déjà sombre.

Ceux qui auront eu ce spectacle à cette heure ne l'oublieront jamais.

Dans l'auberge, des gens mettent la tête aux fenêtres, mais ils restent dans l'ombre et l'indistinct; il en est de même de la maîtresse de l'auberge qui ne paraît sur le seuil que pour rassurer sur l'hospitalité de cette maison.

Mais à quoi bon? Ces chevaux que le garçon d'écurie abritait de couvertures, montrent assez quelle bonne maison, hospitalière et soigneuse.

Tous ceux qui assistent à cette scène ne s'en rendent point compte, mais le grand artiste réunit toutes les circonstances qui la laisseront ineffaçable; il a saisi juste le moment où tous les acteurs sont le plus beaux, le plus intéressants, justement parce qu'ils s'oublient eux-mêmes. Ce qui étonne, en y réfléchissant, c'est qu'ils posent si peu. La peinture y devient l'art des représentations instinctives, je dirai mieux, l'école de la pitié.

Dans cette œuvre, la formule de l'action charitable du Samaritain est complète, et par l'effet direct sur le blessé, et par l'influence indirecte sur tous les acteurs. — On voit là toute l'importance d'une bonne action.

XVI.

Quand un homme est dans le vrai, c'est-à-dire lorsqu'il parle ou qu'il agit dans la sincérité de son cœur, tout ce qu'il dit ou ce qu'il fait a une vertu prophétique et curative qu'il ne sent pas lui-même, mais qui rayonne de lui sur tous ceux qui souffrent. Chacun y trouve des allusions particulières, personnelles, salutaires, bienfaisantes.

XVII.

C'est en regardant en même temps le bon Samaritain de Rembrandt, et la Femme hydropique de Gérard Dow, qu'on voit que la Hollande finit avec Rembrandt.—De la chaleur du peuple, on tombe dans la glace d'une bourgeoisie malade.

XVIII.

Pour sentir la famille, pour jouir du foyer, il faut être tout enfant ou vieillard.

Mais l'homme à son âge viril sera ou le bon Samaritain, ou l'Enfant prodigue, ou le Menuisier, ou même Rembrandt qui représente les scènes de la famille, qui la fait cette famille, comme il la conçoit et comme elle n'existe qu'imparfaitement dans la réalité.

Ou bien, par un accident sublime, ce sera le Christ; mais après quelles épreuves?...

Ainsi les douces harmonies du foyer, pour l'âge innocent qui a besoin en ce monde d'une providence visible pour croître et devenir homme;

Pour le vieillard qui a besoin de chaleur, et qui est obligé de rester sédentaire.

Pour nous, avons-nous besoin toujours de ces lisières du foyer, de cette douce et féconde nourriture de l'enfance? Chacun de nous doit les laisser dans son âge viril pour les hasards d'une vie plus libre.

Qu'il y revienne, quand il aura traversé la vie; qu'il aime alors à se recueillir, qu'il se mette de côté, lorsque le plein jour le blesse. Ce sera sa récompense, d'avoir su se garder assez contre les emportements de l'action, pour vivre cet âge de réflexion.

Cependant il y a des temps où l'on ne peut vieillir; et il y a des hommes qui, trop jeunes, ont goûté à la volupté âcre et meurtrière d'une vie trop intense, qui ne le voudraient pas.

Je ne sais à quoi sont destinés les jeunes hommes de notre âge, si précoces, dévorés par la passion ou l'intérêt. — Il est donc bien important de rétablir le foyer.

Il suffit qu'ils l'aient eu dans leur première

enfance ; au milieu de leur vie la plus active, la plus pressée, l'image de leur grand-père, le souvenir des scènes de la famille viendra les rafraîchir, les préserver, les rendre plus humains.

Où ce foyer se trouve-t-il en ce moment? Partout, mais surtout dans le peuple. Que de gens travaillent toute la semaine séparés, éloignés, qui n'ont d'autre fête que de se réunir le dimanche soir pour manger le pot-au-feu en famille !

Vienne à manquer le centre de cette famille, la personne supérieure qui en était le lien, tous les enfants qui ont eu ce bonheur y reviendront toujours.

Et nous, qui sommes si libres, parmi tant d'existences nécessiteuses, qui n'avons que les spécialités de notre choix, comment ne faisons-nous pas davantage pour nous retenir ces joies et pour les inspirer aux autres ?

XIX.

Je me demandais en face du portrait de Rembrandt : Quel homme est-ce donc que l'artiste? Où prend-il son œuvre? N'est-ce point, comme je l'ai cru jusqu'ici, dans le meilleur de lui-même? N'y donne-t-il pas sa vraie expression, plus fidèle que dans sa vie privée?

Quand je vois Rembrandt si sérieux, d'une force si simple et si calme, si maître de sa pensée au moment où il va la réaliser, je ne puis douter que l'artiste ne soit l'homme par excellence. Comment aurait-il donné au Christ d'Emmaüs cette expression sublime de sincérité et d'humanité, s'il n'avait senti une parfaite identité entre lui-même et sa création? Je le sens bien par moi-même, ma pensée erre vague, indécise, impuissante jusqu'à ce qu'elle ait droit de rallier mes puissances divisées : alors je suis un, j'éprouve une joie virile de sentir si complétement mon individualité.

Qu'on ne dise point que l'artiste n'a qu'une force de réflexion, qu'il contient en lui un miroir qui reproduit ce qu'il voit? Cela ne suffit point, il faut qu'il participe à son œuvre d'une manière plus intime. — L'art n'est point une simple représentation, mais une création. — Il s'agit bien moins pour l'artiste de copier la nature que de l'interpréter.

Cela m'explique pourquoi de si habiles gens, qui ont de si bons yeux, ne donnent jamais que l'accessoire et laissent l'essentiel.

Je regardais hier, au Musée, deux œuvres placées à côté l'une de l'autre, de deux hommes qui ont habité le même pays, qui ont vécu dans le même temps, Rembrandt et Gérard Dow.

Ils ont eu le même air, le même climat; et comment se fait-il que l'air froid, que la lumière terne chez l'un, deviennent chez l'autre, un air chaud, une lumière qui réchauffe le cœur?

Il y a dans le Ménage du menuisier de Rembrandt tous les meubles, mais ils ne sont qu'accessoires. Ils n'éclatent point dans l'œil : ce sont des instruments amis qu'on retrouve, mais qui ne se montrent point d'eux-mêmes. Si Rembrandt met, par exemple, le verre du menuisier sur la fenêtre, en pleine lumière, c'est dans la vérité. — Ce verre a droit, car il a rafraîchi le travailleur, il a une valeur toute morale.

Quand on dit que l'artiste est un simple observateur, c'est prendre la méthode pour la science, l'instrument pour la substance. Oui, il se sert de l'observation, mais, pour s'en servir, il faut d'abord être un homme, et l'homme c'est là tout le mystère.

XX.

Ces réflexions me venaient en comparant le Ménage du menuisier de Rembrandt, et la guérison de la Femme hydropique de Gérard Dow.

Dans le Ménage du menuisier, le berceau est le meuble important, mais il n'est pas trop visible; il est redevenu accessoire, parce que l'enfant n'y est plus. Il est dans le clair-obscur, toute la lumière est réservée aux personnes.

Il n'y a point de symétrie dans la disposition des meubles, mais le désordre d'une maison où l'on vit, où l'on travaille.

Tandis que Gérard Dow s'est complu à peindre les meubles pour eux-mêmes; il les a mis à la place d'honneur, parce qu'il s'est amusé à ces curiosités.

En regardant alternativement ces deux tableaux, je sens la différence du ménage bourgeois et du ménage de l'homme du peuple.

Où est la vie dans la maison de l'homme du peuple? Là où est l'homme.

Tandis que, dans la maison bourgeoise, tel objet tient souvent, par ostentation, plus de place que l'homme; bien au contraire du ménage du pauvre, où les pauvres meubles dont on se sert tous les jours ne valent que par l'empreinte de l'homme, que par un reflet humain qu'ils conservent.

Voyez dans le tableau de Gérard Dow, quel soin, quelle recherche son médecin a mis pour s'habiller : le Menuisier de Rembrandt est en chemise, nu-bras, mais le plein air le pénètre, la lumière du soleil le réchauffe.

Je compare aussi l'intérieur d'une Chaumière de Van Ostade et le Ménage du menuisier de Rembrandt.

Dans Van Ostade, je retrouve la lumière terne, le ciel froid de la Hollande. On sent un artiste qui veut faire du pittoresque, qui s'arrête curieusement à dépeindre chaque meuble, chaque ustensile disposés dans un désordre factice. Dans cet inventaire, l'homme et la femme ne sont plus que des accessoires, car tout est principal.

Dans Rembrandt, qu'importe le climat? Cette maison est chaude de la famille, chaude du travail de l'homme.

Le Menuisier, tout en travaillant, voit du coin de l'œil sans les regarder, son enfant, sa femme, sa mère; il les a près de lui et cela lui suffit pour avoir bon courage; il n'en a que plus de cœur à travailler, car c'est lui qui soutient tout cela. — Il y a dans cette maison tout ce qu'il faut au ménage d'un ouvrier, mais c'est le soleil qui se charge de le rendre confortable. Aussi Rembrandt a-t-il pris ce beau moment de trois à quatre heures d'après-midi, où la Hollande resplendit d'une lumière qu'il faut avoir vue, pour bien comprendre ce tableau.

Cette maison est saine, elle est exposée pour avoir ce beau moment de soleil, autant qu'il durera, et il y luira longtemps encore, car il ne fait qu'y entrer.

La vieille grand'mère s'est interrompue de sa lecture de la Bible pour qu'il y ait deux mères à soigner l'enfant, et c'est elle, comme la plus âgée, qui préside à ces soins.

Le chat dort auprès du feu.

La vigne entre discrètement par la fenêtre...

Mais tous ces accessoires, adoucis dans le clair-obscur, ne s'harmonisent que mieux avec cette scène de famille.

XXI.

Je crois avoir la véritable solution d'un problème que je me posais l'autre jour.

L'usage habituel d'un art finit à la longue par constituer à l'artiste une sorte de fatalité dans son art. — Ses observations, ses idées, son expérience qui pourraient servir à son perfectionnement moral, il donne tout à son art, et ne retient rien pour lui. De là, le désaccord apparent entre sa vie et sa production.

Son œuvre devient de plus en plus humaine, vivante, croissante; et sa vie ou stationnaire ou faiblissant, semble indigne de cet élu du monde, en qui le monde parle.

Qu'on ne s'y trompe pas; ce que la multitude voit comme un miracle; ce que, dans sa courte vue, elle nomme le génie ou la faveur de la grace divine, parce qu'elle ne peut l'attribuer à l'homme qui a mené cette vie mêlée, qui avait ces habitudes vulgaires; c'est le vrai fruit du cœur de cet homme, par quoi il était homme, plus homme que les autres. Mais au lieu de le garder pour s'en faire une force par devant le monde, une attitude, qui commanderait le respect, l'artiste l'a donné à tous ce fruit de vie, et chaque jour il le cueillait, ne gardant pour lui que la fatigue et le dégoût d'une production incessante.

Ne comparez pas un homme fermé qui thésaurise tout ce que la fortune lui a départi de bonheur, et ce prodigue qui jette à pleines mains tous les souffles de son cœur. Celui-ci, qu'il soit heureux ou triste, tout l'inspire, et son cœur déborde pour tous jusqu'à ce qu'il n'y reste plus rien.

D'ailleurs quelle différence! Lui seul est vraiment homme : car ce qui chez les autres demeure à l'état d'instinct et nage sans responsabilité, sans droit; lui par ses puissances d'analyse et d'organisation tout ensemble, il l'amène à la lumière, il lui donne l'existence, il le crée pour que tous les affligés, tous ceux qui n'ont pas eu sa puissance, s'y reconnaissent et s'y fortifient.

XXII.

Le Philosophe en méditation.

(Tableau de Rembrandt, Musée du Louvre.)

A la fin d'un jour dont les dernières lueurs se colorent dans les vitres d'une grande salle voûtée, un vieillard a reculé sa chaise d'un pupitre, où se trouvent un crucifix, une mappemonde et une Bible ouverte. — Un siége qui naguère a été approché de la place où se tient le vieillard, est resté vide dans le clair-obscur. — Un ami est venu, un savant docteur, un théologien; ils ont traité un point de doctrine, discuté... Le vieillard laissé seul est revenu au texte, il a lu, collationné; puis, le jour diminuant, il est rentré en lui-même, a reculé son fauteuil : peu à peu il est tombé dans une rêverie profonde, oubliant tout, l'heure, le lieu, lui-même. — Hors du temps, la tête inclinée sur la poitrine, les deux mains serrant les bras de son siége, comme pour se retenir dans les abîmes où la méditation le conduit, il nage au milieu de problèmes insolubles; pendant que le jour s'éteint dans les longs corridors qui mènent à ce lieu de retraite, et que la lumière redescend chaque marche des escaliers, se rétrécit sur la suivante, puis expire.

XXIII.

Rembrandt ne pouvait être jeune pour arriver à cette harmonie et représenter une telle maturité d'esprit. Ce tableau du philosophe solitaire doit être de la moitié de sa vie, lorsqu'il avait de quarante à cinquante ans. Ses derniers tableaux ont un autre caractère.

Rembrandt, dans la plénitude de son âge et de son art, amplifiait par sa lumière ces rêves de la méditation des savants, des théologiens qui l'entouraient. — Homme d'instinct, il s'exagérait cette vie d'abstraction, comme nous, dans notre jeunesse, placés entre deux mondes, nous sommes toujours tentés de trouver dans les œuvres du passé, les lueurs de l'avenir.

Rembrandt inclinait aux lueurs du couchant; moi j'ai dans les yeux les premières clartés de l'aurore : mais c'est toujours le crépuscule. — En effet, quelque chose doit recommencer au jour.

Il s'enfermait dans sa nuit, dans son brouillard, et il la rendait féconde, réparatrice; et moi je suis comme si je me levais un peu avant le jour : « Qu'ai-je rêvé? que dois-je faire? » — Nous sommes en ce moment à l'instant sacré de la prière intérieure, car les agitations de la veille vont nous emporter. Ce livre ne peut avoir d'autre effet que de rendre à ceux qui le liront un peu de la fraîcheur des heures sereines du matin, *noctes vigilare serenas.*

Je les prenais si bien au sérieux les œuvres

de ces artistes, j'avais tant de désir de comprendre, de m'y éclairer que je ne puis avoir détourné leur pensée. — Je l'ai poursuivie, je l'ai transfigurée; de vague ou de personnelle qu'elle était chez l'artiste, je l'ai faite mienne : mais enfin, si je l'ai prise humaine, je l'ai rendue humaine; comme le médecin qui prend un minéral ou une simple, j'ai fait cette œuvre secourable à moi. — Puissé-je l'avoir faite secourable pour vous, mon ami.

Peu importe que ce qui m'est personnel dans ces œuvres, soit volontaire de la part de ces artistes : ce sont des hommes comme nous. Ils ont cherché, trouvé l'harmonie de la lumière, de la musique.

Pourquoi ne trouverions-nous pas une harmonie sociale?

XXIV.

Vers 1650, Rembrandt avait quarante-cinq ans. A mesure que la science de l'homme augmentait en lui, il devint plus sympathique à la nature inférieure. Ainsi, dans un repos en Égypte, de nuit, l'âne lui-même approche sa tête de l'Enfant endormi. Le fidèle serviteur prend sa part du Messie.

Nous avons aussi pour attester cette curiosité croissante, deux gravures, le petit Chien et la Coquille; où il voulut lutter, par la finesse de la pointe et le moelleux du burin, avec les reflets si doux et si brillants de la lumière.

Tout ce qui a vie a droit. — Que de choses qui ne nous intéressent pas, attendent leur artiste qui leur donnera le droit d'arriver aux hommes! Même, parmi les œuvres sublimes amenées à leur clarté parfaite, combien attendent celui qui les regardera du cœur!

XXV.

Rembrandt, parce qu'il s'est attaché au monde de l'instinct, a évoqué des limbes du clair-obscur, des effets d'une poésie nouvelle, pleine de trésors imprévus. Il a chassé de la nuit les monstres du moyen âge, il l'a rendue à l'homme. — Peu à peu il a été amené à faire sortir du demi-jour où elles étaient ensevelies, ces masses d'hommes qui apportent toute grossière, toute informe, mais toute chaude, toute jeune, la vie qui semble tarie ailleurs.

Tel a été le progrès de sa production.

Puis ses vrais fils, ses vrais continuateurs, Paul Potter, Ruysdael amènent à la lumière, au regard, à l'intérêt de l'homme les animaux, et la pauvre nature du Nord partout souffrante, partout sensible.

XXVI.

Que fait Rembrandt dans ses dernières œuvres? Il représente les mêmes scènes, mais d'une manière bien plus simple. Les plus grossiers, mais les plus naïfs des hommes rajeunissent ses types. — Ainsi, en avançant dans la vie, c'est moins son habileté qui semble croître, que son humanité. — De plus en plus il fait participer les moindres à cette vie que dispense l'artiste; et plus il est maître, plus il devient peuple.

Pour lui rien ne vaut que là où est l'homme. Sa lumière, sa fantasmagorie deviennent même accessoires; ou il ne s'en sert que pour représenter ces événements qui ont marqué si profondément dans la tradition légendaire.

XXVII.

Le Christ attaché à la croix entre les deux larrons.

(Gravure de Rembrandt.)

Rembrandt a rendu cette scène dans l'horreur du climat du Nord. — Le ciel semble verser sur la terre une pluie de ténèbres pour un tel crime. — Les iniquités des hommes retombent : c'est la contre-partie du ***nubes pluant justum***.

Ce spectacle, ce moment sont si atroces, qu'un vieillard défaillant de remords est entraîné. Un pharisien s'enfuit les jambes vacillantes. Il n'a pas prévu que son crime serait si grand, que le spectacle en serait si terrible.

XXVIII.

Rembrandt qui vivait au milieu d'une population nourrie de la Bible, ne s'est point inspiré directement des livres saints, mais de l'interprétation légendaire qu'en avait faite l'imagination du peuple; et c'est par là qu'il les a rajeunis.

On ne sait pas combien tout sera nouveau, quand nous aurons des artistes populaires.

Quelle chose touchante de voir dans tous les artistes du Nord et du Midi, comment chaque peuple veut être le peuple de Dieu, participer à la bonne nouvelle de l'Évangile, avoir le Christ de sa nation, de sa race, de son temps!

Pourquoi nous seuls en serions-nous déshérités? Que par nous ce miracle du cœur se renouvelle, qu'il se rajeunisse, quand partout il a vieilli!

XXIX.

Si je pouvais, sans formules, raconter la succession alternative de ces grands esprits qui se sont transmis, sans le savoir, l'héritage de la pensée moderne; qui librement l'ont reprise, augmentée, diversifiée dans un art nouveau; j'expliquerais pour tous le mystère des générations successives qui naissent si dissemblables, mais qui se complètent l'une par l'autre, et concourent dans la famille naturelle ou spirituelle à une grande harmonie.

Je ne puis espérer donner la loi de cette chaîne mystérieuse des grands esprits. Mais qu'elle domine ce livre, qu'elle soit le lien invisible qui en réunisse les parties, tous y sentiront leur histoire personnelle.

Ce que je voudrais, c'est lancer la recherche dans une voie plus simple, plus humaine.

L'artiste, au milieu du monde moderne si vaste et si complexe, sera l'homme qui sentira partout son humanité; qui rétablira aux yeux de tous le droit de son humanité, partout où elle est ignorée, méconnue. — C'est le pontife des temps modernes, qui élève les choses de la terre au ciel; ainsi il évoque des profondeurs de la vie instinctive une petite chose isolée, sans droit, sans lien, sans solidarité, laissée de tous comme inutile, insignifiante; il la sent en lui et la rend la chose de tous : car il se trouve qu'en passant par lui, cette petite chose ignorée, reçoit de sa chaleur, de son amour, un rayon divin qui n'était ni dans la chose, ni dans l'artiste, et qu'elle devient un idéal pour les autres hommes.

XXX.

Un point sur lequel je voudrais insister, c'est la médecine morale que les arts contiennent. Ainsi, depuis le seizième siècle, en reproduisant la légende chrétienne, ils ont seuls donné au monde des représentations secourables...

C'est la dialectique de cette influence que je voudrais poursuivre. Née du sentiment chrétien, elle n'a pu se produire qu'à la renaissance des sciences, lorsque l'homme revint à la nature, à lui-même ; et que, s'étudiant, il fut saisi d'admiration et de pitié d'avoir si longtemps méconnu ce chef-d'œuvre de la création.

Il est pris alors d'une ardeur infinie d'apprendre, de connaître. L'homme se retrouve par toute science, par tout art, par tout métier....

Rabelais, comme les grands artistes italiens,

résume en lui toutes les connaissances de son temps, mais pour lui ce ne sont que des instruments. — De toute sa science, il échafaude une farce, une bouffonnerie pour distraire les incurables, et guérir les pauvres souffreteux. — Comme Léonard de Vinci, pour peindre la Joconde, il fait venir une troupe de bateleurs qui amuseront son siècle; il en obtiendra un sourire, un moment de répit, et il en profitera pour faire une étude au vif sur cet homme souriant et sanglant qui pose devant lui.

La grandeur, l'originalité de Rabelais, c'est que son inspiration est toute secourable. Sa grossièreté, ses obscénités ne guérissent point certes, mais le font lire, dévorer; et les plus malades qui se reconnaissent dans cette fange, qui s'y plongent à plaisir en sortent sinon guéris, du moins consolés : car, sous des paroles grossières, ils ont trouvé un cœur d'homme qui les a soulevés au-dessus d'eux-mêmes.

Ample manière de guérir, que personne

après lui n'a pu reprendre ni si grossièrement, ni si humainement ! Mais elle n'a point été perdue pour le monde.

Rembrandt, dans sa grossièreté si spirituelle et si raffinée, dans son ignorance si savante et si étudiée, rassemble toutes les misères qui peuplent Amsterdam, la sentine du monde au dix-septième siècle. Tous les désespérés de la misère et de la dégradation physique, il les donne au Christ qui les guérira. Il n'y a que les Pharisiens, les hommes à longue robe, qui sont incurables pour lui.

Puis il découvre les mystères du recueillement solitaire, les approfondissements de l'homme moderne par les joies de la spéculation intérieure.

Puis il met la sainte famille dans toute maison, toute cabane du pauvre. — Il l'emplit de soleil, de la moralité du travail en famille, et entoure le travail de l'ouvrier à faire envie au savant, à l'homme favorisé du loisir qui poursuit solitaire les recherches de sa pensée.

Comment se continue cet art de guérir?

La musique se crée : rafraîchissement, enchantement, ravissement d'âmes réunies en commun. Ces joies si intenses, ces révélations de moi-même que j'ai eues en entendant les œuvres de Mozart, de Beethoven ne peuvent me tromper sur leur vertu bienfaisante.

. . . .

La science de l'homme se crée, se construit chaque jour.

Il en sortira un nouvel art de guérir.

Cet art viendra surtout par une meilleure connaissance de la nature. Ainsi, un homme qui se promène dans la campagne, ne sera que plus sensible aux voix de ses frères inférieurs, qui se plaignent, qui aspirent, qui aiment comme lui ; en regardant les fleurs, il comprendra mieux tous les trésors de beauté que Dieu a répandus sur ses créatures ; ou bien dans les insectes à ses pieds, la famille se révèlera à lui avec sa vie précaire et ses précautions les plus sages, et il se sentira plus près de ce monde si peu connu.

Puis les arts lui donneront la diversité d'émotions en commun : il verra, il entendra les hommes ses frères rendre ses impressions les plus intimes, et ceux qui seront auprès de lui, il les sentira émus comme lui. Dans ces moments, son cœur sera prêt à se fondre... Comment ne renaîtrait-il pas à la vie ?

XXXI.

Le Christ guérissant les malades.

(Gravure de Rembrandt.)

Dans une vieille masure, le Christ est debout sur un tertre, appuyé contre un pan de mur.— C'est un homme qui a beaucoup souffert, mais plus aimé encore. Ses yeux sont pleins de bonté, de douceur : on y voit que ce sont ses paroles qui guériront. Cette figure réelle n'est devenue sublime que par ses bonnes œuvres toujours croissantes. — Il n'y a rien pour le surnaturel ; si elle est rayonnante, c'est d'une lumière morale.

Le Christ placé au milieu de la gravure, la partage en deux.

A gauche, accoudés contre un mur, des Pharisiens, des philanthropes discutent sur la pauvreté.

De l'autre côté du Christ, à sa gauche, les malades : « Ceci est mon peuple. » La douleur, la pitié, la foi sans phrases.

Du côté des Pharisiens, la lumière est uniforme, presque vulgaire.

Mais du côté du peuple, il y a toute la douceur du clair-obscur. C'est un jour de cave qui se fait doux, tendre pour tant de misères qui ne sont que de la fatalité. — Ces pauvres, ces malades sont dignes par le cœur ; ce sont des hommes qui n'ont besoin que d'huile, de quelques bonnes paroles.

Le Christ se recueille ; il est tourné davantage vers un petit enfant à qui il impose les mains, pour qu'il ne soit pas trop ému du spectacle de tant de misères. Il faut qu'il se garde pour que sa bonté soit toute active, efficace.

Il est placé sur un endroit plus élevé, car cette mer de misères qui lui vient, monte, croît sans cesse. — Le bien qu'il fait s'est répandu si vite, si loin!

XXXII.

Rembrandt est un bien grand exemple de l'influence que la société des simples peut avoir sur un homme d'une vue pénétrante. Il était né réceptif, plus clairvoyant qu'un autre; mais assez fort pour se croire surtout lui-même, ne rien accepter des maîtres qui n'eût passé par lui. — Il eut le bonheur de naître à la campagne, dans un moulin, et l'esprit d'y revenir. Aussi, au lieu de s'abstraire des hommes et de lui-même, comme il l'eût fait par les traditions d'école, il regarda les hommes qui l'entouraient, les observa, les représenta comme ils étaient. — Puis à force d'être en pleine vie, en pleine nature, il se sentit maître. Quand la bonne disposition lui venait, il peignait ou gravait sa pensée, c'est-à-dire le fruit de toutes ses observations sur les hommes ; et il se trouvait qu'il faisait alors une œuvre d'autant plus humaine qu'il en avait plus nourri en lui-même l'inspiration reçue du dehors.

L'habitude qu'il avait de voir et de peindre les hommes parmi les paysans, lui apprit à ne point dédaigner la populace, quand plus tard il se fixa à Amsterdam. De plus en plus pénétrant, il regardait de préférence les malheureux, les misérables qui auraient fait horreur à d'autres qu'à lui. Il prit ses types dans les classes qui n'ont point les bienséances de la culture : mais avec quel esprit, avec quel tact du cœur, avec quels enchantements de la lumière il sut rendre précieuses les représentations des plus pauvres demeures; combien parlantes et touchantes, les figures des derniers des hommes! Il en sut faire la figure sublime du Christ d'Emmaüs.

L'astuce du paysan lui ouvrit aussi les mystères pharisaïques; il les étudia sur des juifs d'Amsterdam; et une fois établi dans le laid, il flagella toutes les laideurs morales des Pharisiens, ces vampires du peuple.

. . . .

Il se trouva ainsi avoir acquis de sa vie habituelle avec les plus pauvres, de ses observations constantes sur les plus abandonnés des hommes tout un monde d'inventions nouvelles.

XXXIII.

On ne sait point ce que peut produire la vue habituelle des simples sur un artiste.

Rien ne lui est plus préjudiciable que les sociétés artificielles. Il y gagne en bon goût, comme on dit; il ne fait jamais des figures qui étonnent, qui choquent les convenances, mais il y perd la flamme, le relief, la vie intérieure.

Qu'importe que cet homme soit laid ou gauche, s'il a une âme, et si son âme est visible?

Et souvent ce qu'ils appellent gaucherie, c'est la grâce du génie. Certes ils auraient trouvé Virgile gauche qui avait la timidité d'une jeune fille; le Corrége gauche qui se faisait payer si mal ses peintures. — Qu'aurait dit Louis XIV des figures de Rembrandt?

Ce qui nous a perdus en France, c'est la fausse société.

Quand nous aurons des habitudes plus sincères avec nous-mêmes, alors reviendront les Lesueur, les Poussin, les Claude Lorrain, les Lantara, les Prudhon, mais avec quelle autre puissance! Jusqu'où aurait été Géricault, s'il se fût mieux gardé lui-même?

XXXIV.

Les artistes à l'avenir seront plus facilement pris au sérieux, si je commence à parler sérieusement des artistes du passé.

Qu'importe telle anecdote qu'on cite toujours de leur vie ?

Tout est apocryphe, tout est contestable dans ce qu'on dit de ces artistes. Il n'y a de réel, de sûr, de certain, de vrai que leurs œuvres : c'est là ce qui reste d'eux, où leur âme est encore. Le reste je le nierai, si j'ai pour moi la certitude morale tirée de leur œuvre.

XXXV.

Je sens que par ces artistes la famille, le foyer égoïste et caché, où s'abritaient les heureux du monde est devenu visible ; que les murs empreints des chaudes lueurs se sont ouverts aux regards. Ce foyer reste aussi mystérieux, aussi inviolable, aussi recueilli, mais il révèle à ceux qui ont des yeux pour les voir ces joies calmes et saines; et il s'adresse si bien à tous, que le malheureux qui les a eues et qui ne les a plus, revient en pensée aux jours de son enfance. — Que l'on ne croie pas que ces souvenirs soient trop douloureux, trop poignants : le peintre par sa spécification à représenter les objets, ne fait aucune allusion qui trouble le cœur de celui qui regarde son œuvre. Il peint un foyer qui n'a été vu que de lui seul. — Celui qui a perdu retrouvera sans amertume, et celui qui plus heureux conserve encore, connaîtra; il ouvrira les yeux.

Ces œuvres ont une telle discrétion, que jusqu'ici leur enseignement a été ajourné. Il faut leur venir le cœur plein, pour qu'elles parlent.

Les paysagistes et les peintres d'animaux ne disent point comme les moralistes et les prédicateurs : revenez aux plaisirs simples, aimez la campagne, aimez les animaux. Ils vous représentent tel paysage, tel animal; et quand cette œuvre est d'un véritable artiste, elle évoque en vous d'abord l'admiration : « Quelle » perspective! comme il savait voir! » puis « Comment a-t-il pu faire?—Ah! c'est qu'il a » aimé.—L'homme peut donc aimer la na- » ture?—Ah! oui, quand j'étais jeune, je me » souviens quelle impression profonde ce » paysage fit sur moi.—Ah! si je pouvais y » revenir!.....» Et les voix les plus mystérieuses de s'éveiller.....

Quelle plus grande utilité que d'avoir produit ce recueillement dans un homme peut-être fatigué d'efforts, qui mène une vie laborieuse, le plus souvent extérieure à lui-même! Il en aura quelque rafraîchissement, et il se mettra à espérer une vie plus près de la nature.—« Quand je pourrai, j'y reviendrai.— » Mais mon enfant je lui donnerai ces joies, » je l'élèverai à la campagne; qu'il ait tout » jeune ces premières impressions, afin que

» plus tard il y puisse revenir.—Lui, il aura
» la vie plus facile. Ce que j'ai toujours dé-
» siré, il le pourra. »

C'est surtout dans les grandes villes, les dimanches d'hiver, pour ces hommes privés toute la semaine de l'air et du libre espace, que ces représentations par les œuvres d'art sont bienfaisantes.

Dans notre société nécessiteuse, où la vie est si serrée, si pressée, l'art a conservé dans sa concentration les secrets secourables, les mystères bienfaisants de la nature.

L'homme même dont la vie est trop agitée d'affaires, d'études, la retrouve dans ses acquisitions luxueuses. Il croyait avoir oublié la campagne et Dieu, ses créations les plus innocentes lui reviennent par les arts.

XXXVI.

Ainsi, je commencerais ce livre par ce doux milieu du foyer, de l'éducation en famille : que chacun y retrouve ses impressions d'enfance. J'insisterais d'autant plus sur ces commencements de la vie, que tout y est fécond et prophétique.

J'évoquerais ces lueurs du foyer par lesquelles Rembrandt a rendu personnelle aux plus pauvres la légende chrétienne et dont il a réchauffé la méditation solitaire de ses philosophes.

Cette sainte famille, est-ce une création individuelle ou l'œuvre de la tradition ? Qui distinguera ? L'artiste ne le sait pas lui-même. Il se souvient de telle maison, de telle famille, et il représente davantage.

Ce philosophe, est-ce un portrait, est-ce la création idéale de Rembrandt ? C'est l'un et l'autre. C'est un portrait, car la Hollande est pleine de ces hommes d'études abstraites et de travail solitaire; mais c'est une création, car le peintre a choisi le moment où cet homme ne pouvait pas être vu, pour le peindre.

Ce qui distingue la peinture, l'art d'un homme, de toute représentation où l'homme n'est pour rien comme le daguerréotype, etc.; c'est que le peintre a vu surtout l'homme au moment secret, où cet homme n'était visible que pour Dieu seul; c'est qu'il a su le deviner et le rendre. — Ainsi dans la peinture, il y a divination, évocation des mystères de l'individualité; tandis que dans le daguerréotype, la personne arrive brutalement. Si par hasard, son âme est sur son visage, dans son regard, la lumière en transmettra le reflet; mais il est rare que tout l'homme paraisse juste dans cet éclair rapide.

L'artiste donnera sa pensée, ses instincts sur cet homme. C'est ainsi qu'il l'a vu, qu'il l'a compris.

Art vraiment humain, car vous avez ici deux personnes en présence, et l'artiste, et l'homme représenté. Plus vous connaîtrez l'artiste, plus vous suivrez curieusement tout ce qui a traversé sa pensée pendant qu'il peignait cet homme; vous pénétrerez d'autant mieux cette personne que vous la verrez par les yeux de cet artiste qui savait si bien voir.

C'est dans les portraits qu'on juge surtout de l'étendue d'esprit, de la réceptivité d'un artiste. C'est là le commencement et la fin des arts du dessin.

Rembrandt n'est arrivé dans ses œuvres à cette spécification morale, à cette expression si profondément humaine que par l'étude patiente de la figure de l'homme. Il l'interrogeait sans cesse pour fixer les moindres souffles, saisir les reflets si mobiles où se dépose la diversité infinie des nuances du caractère. Il sentait que comme un lieu habité garde l'empreinte de l'homme, le visage où afflue constamment le souffle, s'empreint des traces de l'esprit. Il ne s'est peint et dessiné si souvent lui-même, que pour se rendre mieux compte de ce qu'il voyait sur la figure des autres hommes : et dans ses derniers portraits, il choisit, pour se peindre, surtout le moment sincère de la production.

Pour prendre le premier venu, et lui demander quel est son droit il faut un homme, comme Rembrandt, si maître des ressources de son art, qu'il pouvait se jouer de toutes les laideurs physiques, et, par l'originalité morale, les faire pardonner.

Il me fait comprendre que la beauté d'une figure réside surtout dans sa physionomie immatérielle. Elle est belle moins de ce qu'elle est, que par l'idée qu'elle donne de ce qu'elle voudrait devenir.

XXXVII.

Le foyer d'inspiration d'un artiste est dans les âmes muettes qui l'entourent. Il ne peut se passer du peuple ni du monde, mais il est artiste en ce qu'il domine et règle tout en lui-même.

XXXVIII.

C'est le nouveau monde que Rembrandt a inauguré par la représentation des pauvres et des simples.

Reprenons-le ce monde dans sa petite enfance. Il est temps de le reconnaître dans les œuvres de ces artistes. Ne laissons point enfouir ces trésors de vie. Tout doit recommencer. — Cependant l'air va se troubler. Emportons, sauvons nos Dieux.

Emportons ces images du foyer; qui sait si nous l'aurons toujours? — Sauvons nos amitiés; qui sait si nous ne les pleurerons pas bientôt? — Évoquons, pendant que nous le pouvons encore, le souvenir de ces impressions de la campagne où nous fûmes élevés; qui sait si nous y reviendrons?

XXXIX.

Journée d'un triste demi-sommeil. — Je me sens si au-dessous de ce que je voudrais faire! et cependant c'est quelque chose de vouloir le faire. Cela seul réclame en moi pour moi. — Je ne puis mourir en ce moment, car j'emporterais un monde de pensées qui n'ont encore trace nulle part : je n'en ai rien écrit, je n'en ai rien dit; et il me semble, à mesure que je veux noter ma pensée, que je ne puis approcher du meilleur de moi-même qui se refuse à s'exprimer. Cela me ferait tant de bien! Alors je me sentirais vraiment homme... Jusque-là je nage dans des à peu près insipides.

Mon Dieu que le cœur est lent à s'ouvrir! — Et j'en ai besoin, et d'autres en auraient besoin! Mais probablement je n'en suis point digne encore!

La disposition est si capricieuse, si fantasque, que j'essaye à chaque instant. Peut-être, me dis-je, parlerai-je? Mais je languis sans que le flot arrive, ou bien je trouve un point de vue ingénieux, nouveau ; mais cela ne suffit pas. Je suis comme un fils de famille qui se croirait des trésors immenses et qui n'aurait jamais ouvert ses coffres. Qu'importe ce qu'il y a en moi ? Croyons qu'il y a beaucoup. — La vie est un songe.

Oh ! je ne prends point ce mot dans un sens sceptique, car il est juste de dire que, dans toutes mes défaillances, ma foi en la réalité augmente. Ma vie peut bien n'être qu'un pauvre petit souffle que mon corps ne pourra bientôt plus retenir : mais je crois en ce souffle, en son éternelle durée ; je sais qu'il a été doué du don de vie, qu'il peut la créer incessamment ; que retenu, concentré dans une intention droite et généreuse, il peut acquérir une force invincible qui fonde tous les obstacles.

XL.

Quand je vois que Rembrandt n'est arrivé à la vraie réalisation de sa pensée que par des procédés inconnus avant lui, qu'il trouvait au fur et à mesure, profitant de tout, des moindres hasards, et les fixant par son génie; je songe qu'il n'y a d'action à avoir qu'en proportion de la confiance, de la décision, de l'intériorité. Le monde est las des formes convenues. — Puisque nous n'avons pas encore les secours mutuels, que chacun s'interroge et déclare ce que son cœur lui apprend de lui-même et des autres hommes.

XLI.

Je n'ai rien de plus à raconter que mes impressions d'amitié. C'est elle qui a transfiguré le monde pour moi, qui m'a donné une tradition, une patrie, qui m'a révélé la nature. Ce sont ces souffles d'une vie protégée, solidaire, que je voudrais répandre au monde.

Si la vie est un songe, quels sont les rêves que m'a donnés l'amitié? Mais non; l'amitié m'a justement prouvé le contraire. C'est par elle que je suis assuré de la réalité des choses. Mes sentiments, mes pensées, j'en pourrais douter, ne les ayant qu'en moi seul; mais que je les rencontre, que je les reconnaisse chez un autre, je ne puis plus douter. Ainsi, je ne dirai point comme Descartes : Je pense, donc je suis; mais, tu penses ce que je pense, donc je suis dans le vrai.

Ma conscience ne s'est éveillée que depuis que j'ai un ami; le monde ne m'importe, mes frères inconnus ne m'intéressent, je ne veux agir sur eux que depuis que j'ai eu un frère.

Heureuse union de deux esprits qui se sont vraiment rapprochés! Qu'importe la distance, la séparation, l'absence, ils s'entendront toujours!

Ce spectacle de deux amis qui s'autorisent l'un l'autre, peut seul m'ouvrir le cœur des hommes inconnus. Ils sont mes frères, puisque celui-ci l'est si bien. Ainsi l'amitié est la véritable initiation à la vie commune.

XLII.

Pour mieux atteindre nos frères inconnus, aimons-nous, unissons-nous davantage, nous qui nous connaissons, et tout naturellement nous voudrons étendre à d'autres ces bonheurs, ces enchantements de notre vie.

Il y aura toujours une aristocratie, celle que donne l'élargissement du cœur : mais ces élus de Dieu n'auront souci que de partager. A eux seuls de croire à l'égalité et de la vouloir. Pour cela, il n'y a pas besoin de les prêcher, c'est leur tendance irrésistible.

XLIII.

Les paroles d'alliance ne sortiront que de la plénitude du cœur : et un homme ne peut avoir le cœur plein que s'il a fait croître en lui ce germe inconnu qu'il apporta en naissant. Le monde ne demande à cet homme que le fruit tout personnel que lui seul il contient.

C'est une prime offerte aux hommes de cœur que d'arriver à en extraire ce cordial qui soulèvera, qui consolera leurs frères inconnus.

Quoi qu'on puisse dire, l'homme n'est point né pour vivre par tourbe. Vous supprimez en lui son génie créateur, si vous l'obligez à vivre dans une société où il sera indistinct, confondu.

J'en appelle à vous, mon ami ! il n'y a que le recueillement, les joies solitaires d'une culture individuelle, le sentiment d'une force personnelle qui nous rendent bienveillants. Vous

vous rappelez ce mot de l'Écriture : « Les forts sont les doux ; » disons plus : les forts sont les hommes généreux, ardents qui veulent agir, influer sur les autres hommes, leur verser les trésors de vie qu'ils ont amassés, et dont ils ne sauraient que faire, s'ils restaient seuls.

XLIV.

La loi d'association que le monde attend ne sortira que du commerce de deux amis. — Plus ils seront différents de culture, de vie, d'habitudes, plus ils seront inventifs l'un par l'autre, et plus leur amitié pourra s'étendre.

XLV.

Ce qui nous différencie d'avec les âges antérieurs, c'est que les grands hommes d'autrefois, comme Michel-Ange, Puget, Rembrandt, n'ont eu les difficultés de leur temps qu'en instinct. Ils étaient peuple par la séve, mais les événements, les souffrances de leur temps flottaient hors d'eux à distance. — Ainsi Michel-Ange eut bien l'horreur de la nationalité violée ; mais il prit comme compensation le dôme de Saint-Pierre, une grande œuvre géométrique. Puget eut bien la pression de la société fausse de Louis XIV; mais il en souffrit comme d'une fatalité qu'il fallait accepter. Rembrandt, qui avait vécu parmi les paysans, se fit paysan ; il devint avare, s'enfermant si bien dans son petit monde, qu'on ne trouve aucune allusion, dans sa production si longue, aux événements de son temps.

Mais nous, nous avons nos difficultés sociales et leurs problèmes toujours présents dans la conscience. Notre art n'est point à côté, mais au fond même de la réalité. Notre sujet, ce n'est point l'homme en général, c'est nous-mêmes, mais nous, solidaires les uns des autres. —Situation bien autrement grave, humaine et pleine de périls. Nous ne pouvons nous tromper sans être responsables. — Les temps de la fantaisie sont passés.

XLVI.

Nous entrons dans un âge où la plus grande poésie se trouvera dans la vérité, dans la simplicité des sentiments. Gardons-nous des fausses lueurs du fantastique qui nous trompent et nous égarent. Jamais nous n'élèverons, nous n'améliorerons les hommes tant que les arts resteront devant ces vains mirages.

D'ailleurs avec toutes les ressources des arts devenus si riches, si variés d'effets, l'homme serait écrasé s'il ne consultait avant tout son cœur.

Quel épouvantable désordre que notre temps, s'il n'y a point harmonie, et si chacun ne peut le reconnaître en s'interrogeant soi-même !

L'homme pris séparément deviendrait fou, il y aurait anarchie dans la société. — Mais il n'en est pas ainsi. A mesure que des éléments nouveaux apparaissent dans le monde, il s'ouvre dans la conscience des horizons plus vastes et plus simples. L'ordre se fait. Du moins, cela est évident, par le spectacle de l'histoire telle qu'elle se réfléchit en moi.

XLVII.

Quelle histoire que la composition de la conscience de l'homme moderne! Qui dira d'où viennent les instincts de toute âme qui arrive à la vie ?

Je vois que chaque science, chaque art, dans sa logique spéciale, approfondit, étend la conscience humaine. Il semblait que tout ce travail de pionniers fût extérieur à la conscience ; et il se trouve aujourd'hui, que l'âme par toutes ces recherches isolées, se sent immense, complexe, comme un clavier. — Mais que jouera cette âme? quel sera son art?... L'harmonie, qui, par toutes les manifestations des arts visibles, est rentrée dans la conscience de chaque homme.

Que fera cet ouvrier armé de toutes ces puissances? Comment se dégagera-t-il de ces liens de fer? Car chacune de ces sciences, de ces arts a sa scolastique tyrannique, exigeante.

Nous qui voulons faire des hommes libres, profitons de ce court moment de jeunesse où par la bonne volonté nous sommes ouverts à tout. Toutes ces sciences, tous ces arts qui flottent dans nos instincts, donnons-leur une voix, demandons-leur d'où ils viennent, ce qu'ils veulent.

Plus tard ce sera impossible, l'aurore aura disparu; ce chaud et frais moment de jeunesse aura fait place à une lumière plus âpre, uniforme; moi aussi je serai spécialisé.

Depuis le XVIe siècle, toute spécialité de science, d'art, a analysé les puissances de l'âme;

donnons aujourd'hui le spectacle de sa recomposition instinctive. Qu'arrivera-t-il quand l'homme se sentira si armé, si complexe ? — Un monde nouveau sera créé.

Donnons cette bonne nouvelle que tous ces instruments ne sont point pour l'homme des entraves, mais qu'il les a créés pour être libre. Disons-lui que ses instincts résument toutes les sciences, tous les arts du monde.

C'est la liberté que la tradition, que le travail, que l'accumulation de tous les hommes antérieurs ont fondée. — Respirons comme des hommes et non comme des manœuvres, nous qui reconnaissons cette cité intérieure qu'ils ont bâtie dans l'âme humaine. Il suffit du sentiment de cette composition harmonique de l'âme, pour qu'un art nouveau surgisse, où il n'y aura plus de spécialité qu'en vue de l'harmonie. L'homme s'est recomposé son unité, son humanité par tous les efforts antérieurs; et il revient à la nature non plus comme aux temps de la renaissance, par la fantaisie individuelle, mais par la reconnaissance pieuse et tendre de tout ce que les hommes qui l'ont précédé ont fait pour lui, de tout ce que le monde qui l'entoure contient de révélations de lui-même.

XLVIII.

Ce sont des amis éternels ces grands artistes qui répondent si juste aux plus secrètes tristesses de notre âme, et qui ne les réveillent que pour les charmer, et nous ramener par leurs mystérieux enchantements à l'espérance, à la foi d'un monde meilleur qu'ils nous dévoilent.

Quand je songe à la puissance curative de la pitié, des bonnes paroles, de l'assistance sympathique et dévouée dans les souffrances physiques; qu'est-ce donc dans les plus secrètes aspirations de l'âme de se retrouver, de se reconnaître dans la pensée d'un autre, de pouvoir s'assurer qu'un homme qui ne vous connaissait pas, vous a deviné, vous a compris, puisqu'il a fixé vos sentiments dans une œuvre durable, à laquelle vous pouvez revenir! — L'artiste est ce grand enchanteur qui traduit en œuvres perceptibles à nos sens les vagues pensées, les désirs encore obscurs qui dorment au fond du cœur de tous. L'artiste vraiment digne de ce nom est l'ami universel qui répond à l'âme individuelle, comme à l'âme de la foule.

Que les arts servent au moins d'épanchements à ces déshérités du monde qui, sans famille, sans patrie, faute d'une tradition commune, auraient tant besoin d'entendre la voix sympathique d'un ami. Il ne faut qu'ouvrir son cœur pour sentir, comprendre tous les arts: les plus simples y seraient nos maîtres. A ceux qui auront le plus souffert, qui se seront le plus donnés, d'interpréter ces œuvres qui n'ont eu d'autre inspiration que les meilleurs sentiments de l'homme.

XLIX.

Notre seule prise à nous, qui ne sommes que des individus, pour mettre plus d'harmonie entre nous, c'est la connaissance de nous-mêmes : mais nous ne pouvons nous connaître que dans les âmes transparentes des hommes de génie.

Ce sont ces hommes par excellence qui doivent nous révéler le secret d'une société plus humaine; c'est en eux qu'il faut voir la tendre sollicitude, les ménagements tout maternels dont ils accueillent les pauvres, les jeunes, les nouveau-nés de leur pensée, comme l'espoir le plus cher de leur production à venir.

Comment ont-ils fait ces œuvres bienfaisantes? Par l'ordre intérieur, par l'unité de leurs puissances divisées chez la plupart des hommes, par le respect des faibles opprimés partout ailleurs.

Ainsi, les modèles d'une société plus équitable se trouveront dans les procédés intérieurs de l'artiste pour créer : procédés jusqu'ici peu observés, qui ont la fluidité, l'imprévu et la diversité infinie de la vie.

Chacune de leurs œuvres en garde l'empreinte, comme l'animal examiné dans une certaine période de son existence témoigne des passages, des transformations successives qu'il a dû traverser.

Mais le secret de la vie n'est point dans l'analyse de cette œuvre : il est dans sa physiologie que je trouve reproduite dans l'impression ressentie par celui qui la regarde.

Vous retrouverez le secret de l'artiste pour créer une œuvre, si vous observez curieusement ce que cette œuvre produit en vous : à sa vue, une foule d'instincts s'éveillent, prennent voix, si votre âme est bienveillante. Les conditions sont-elles favorables pour les mystères de la génération, il y aura en vous production ; seulement il est rare que ce résultat se manifeste de suite, il y faut du temps, comme il en a fallu pour l'artiste.

Ainsi, le mystère ineffable qui créa cette œuvre, l'enchantement du genre humain, tend à chaque instant à se renouveler dans l'âme de celui qui la regarde. — Mais qu'il est difficile que cet homme qui vient devant cette œuvre, se rencontre dans les conditions convenables! Presque toujours il est préoccupé et trouble, il passe et oublie. — Qu'importe? à quelque degré qu'elle pénètre, elle influe; et ma critique ne tend qu'à rendre ces conditions plus favorables pour ce commentaire infiniment divers des œuvres d'art qui ne serait autre qu'une génération inépuisable de nouvelles œuvres, dans toutes les voies de la pensée et de l'action.

L.

Claude Lorrain passait des journées entières dans la campagne de Rome sans peindre, sans dessiner d'après nature. Seulement il respirait cet air, il s'imprégnait de cette chaude lumière. Avec une sagacité exquise, il en observait, il en suivait les dégradations, surtout le matin ou vers le déclin du jour. — Rentré dans son atelier, il retraçait librement de souvenir ces impressions de la nature qui s'étaient déposées en lui. De là le caractère idéal de ses tableaux, de là aussi l'empreinte de sa personnalité dans des paysages variés d'aspect.

Si, de ces procédés de Claude Lorrain, il m'était permis de tirer une induction sur les principes de la composition, je dirais que, n'abstrayant jamais telle partie d'un paysage par le crayon ou par le pinceau, mais le contemplant dans son harmonie naturelle, il arrivait par ce respect à rendre l'impression vaste et simple que la nature seule fait éprouver lorsqu'on la voit dans son ensemble.

La pleine satisfaction que l'on éprouve devant les paysages de Claude Lorrain vient de ce qu'il y donne toute la mesure de sa compréhension harmonique de la nature, avec ce charme poétique qu'ajoute le souvenir.

LI.

Dans Claude Lorrain et dans Ruisdael, vous avez les deux mondes, les deux civilisations, les deux natures dans une âme moderne : le monde gréco-romain et le monde du Nord. Dans tous deux, c'est un monde humain.

Ainsi, dans les œuvres de Claude Lorrain, c'est une âme moderne qui reconstruit, qui amplifie les monuments, dont les débris subsistent aux environs de Rome et de Naples; ce sont les vastes instincts nés d'hier qui éclairent, colorent, réchauffent ces ruines. Ce brillant soleil qui se dégage, voilé encore par les brouillards du matin, cette lumière si jeune, si gaie, si franche, n'a pu être vue, sentie, rendue, que par une âme neuve.

L'imagination de cet enfant du peuple, qui s'éveille à la contemplation de la nature antique, relève et continue ce monde passé, lorsqu'il est épuisé, oublié dans l'Italie elle-même. Cette restauration de l'empire romain, qui remplissait l'âme de Dante, de Pétrarque; un Français, un étranger, un simple, de ses souffles, de ses rêves en face de la nature, en donne les représentations les plus grandioses. — Admirable fécondité qui naît de l'accord de la science et de l'instinct. Car si nous parlons de science, quel architecte a jamais inventé des édifices plus variés, plus majestueux, plus élégants, où la simplicité du style s'alliât mieux avec la magnificence?

Cela justifie ce que j'écrivais : les instincts d'une âme neuve qui arrive à la lumière sont souvent le dernier fruit, l'accomplissement suprême de toute la réflexion, de toute la science antérieure !

Ainsi ces études patientes, persévérantes, insatiables, des monuments antiques qui avaient rempli la vie de tous les artistes italiens de la renaissance; cette investigation ardente (si bien dans l'âme de ce peuple, que les chefs-d'œuvre de Raphaël et du Corrége étaient attribués par l'opinion populaire à des copies de peintures antiques que seuls ils avaient vus) un homme né loin de ce pays, qui ignore toute cette tradition, en hérite; il en est doué, et à mesure qu'il s'éveille à l'art, à la nature, il évoque, par une suite de créations incessantes, inépuisables, ce monde complet avec son air, sa nature, ses monuments.

Par une divination tout instinctive, il trouve l'harmonie de ces palais, de ces édifices avec la mer; de ces aqueducs, de ces ponts avec les arbres et les lignes des montagnes. Ce n'est point l'antiquité : personne n'y voyait ce mirage, ces horizons vaporeux, infinis, ces montagnes à demi voilées dans les nuages. Vous ne les trouvez point dans les paysages du Poussin, l'interprète le plus consciencieux de l'antiquité.

Oh! si vous reveniez, Paolo Uccello, Pietro della Francesca, pauvres initiateurs de la perspective, et que vous vissiez cet enfant réaliser vos meilleures aspirations, dans cette poésie, au gré de ses rêves; vous qui avez tant souffert, qui pour l'étude abstraite des mathématiques avez négligé la peinture; vous si moqués, vous seriez bien glorifiés dans ce simple de génie, bien consolés de vos veilles sans gloire.

Mais quelque puissante que soit l'individualité de Claude Lorrain, quelques enchantements qu'il puisse évoquer d'un monde si magnifique, si riche en monuments, si grand par le souvenir; c'était un monde fini, hors du temps, et l'âme moderne ne pouvait y trouver ses voix les plus intimes. Illusions si chères, si douces à la mémoire, vous ne pouvez suffire à l'âme moderne : il faut qu'elle entre dans la réalité, qu'elle y trouve sa raison d'être, qu'elle y satisfasse, si elle peut, son éternelle aspiration; que de ce monde de sable ou de boue elle se bâtisse un abri, un asile; que de tout ce qui vit, elle se fasse une société durable, et que partout où son esprit habite, même dans la solitude, elle laisse l'empreinte ineffaçable de l'homme.

Ce fut là l'originalité de Ruisdael.

LII.

Les recoins de la Hollande les plus sombres, les plus tristes, les plus tourmentés, où le climat a le plus mordu, sont affrontés, exprimés et dominés par la passion de Ruisdael.

Ce jeune homme se plaît souvent aux plus affreux spectacles de cette nature. Ce sont les plus vrais pour lui. Il ne veut point de ces moments rares, exceptionnels, où le soleil pare ce pays d'une vive lumière. Assez d'autres se laisseront abuser par les illusions qu'ils auront rapportées d'Italie; ils oublieront que le vrai charme de la Hollande n'est point dans une lumière d'emprunt, mais dans son vêtement de deuil qui la couvre uniformément presque toute l'année. — Lui seul il sait où sont les grandes et sublimes scènes de la nature du Nord. Il les trouve au bord de la mer; lorsque de ces dunes qu'elle a laissées après ses grandes marées d'hiver, en flots de sable que ronge sans cesse le vent, il contemple cette mer de nuages qui volent, s'amoncellent, se combattent au-dessus de l'Océan, dont la tempête peut seule rompre l'uniformité terne et grisâtre.

Qui le fit s'intéresser tant à ce pauvre buisson rabougri, qui s'accroche dans le sable mouvant, et dont les rameaux noirs et flétris se hérissent sous le vent de mer? — Qui lui apprit ce charme des éclaircies qui viennent sur ce pauvre ciel comme un sourire si doux de consolation?

C'est que ses impressions d'enfance n'avaient point été effacées par un autre climat. Jeune homme, il retrouva ses aspirations infinies, ses tristesses les plus secrètes dans ce ciel, dans cette terre qui l'avaient vu rêver tout enfant. On ne sait point assez combien une existence uniforme, une vue uniforme, un ciel uniforme prêtent de force et de ressort à une âme généreuse.

Lui qui vivait à la fin de ce grand siècle, après l'invasion étrangère, lorsque la peinture hollandaise, créée par les portraits d'une bourgeoisie héroïque, puis associée à la gloire de la patrie par les grands peintres de la marine, allait s'effaçant avec la nationalité, et qu'en même temps défaillait l'art et la vie; Ruisdael errait le long des routes solitaires, interrogeait cette nature désolée. Elle ne fut pas ingrate, lui parla, lui fut sympathique.

LIII.

Claude Lorrain n'a vu dans la nature que des effets d'une poésie sereine. C'est ainsi peut-être que nous commencerions, si, tout jeunes, sans rien savoir, nous étions transportés en Italie.

Il semble qu'il se soit éveillé un jour avec ce soleil, et qu'il n'ait gardé de l'obscurité de son enfance qu'un léger brouillard à travers lequel il vit toujours la nature comme enchantée.

C'est bien touchant le réveil d'un esprit ! — Nous y assistons dans Claude Lorrain. Il ne représenta la réalité qu'à travers ses songes, et il garda toujours quelque chose des limbes.

Ruisdael ne prit que la réalité, et quelle sombre et poignante réalité ! Mais comme il resta homme dans son art, il y trouva l'expression de son âme. — Qui dira que la nature n'est pas pitoyable? — Pourquoi cette tristesse, cette mélancolie qui respire dans toutes les œuvres de Ruisdael? Du moins ce jeune homme protesta contre l'affaissement qui de son temps gagnait partout en Hollande; il n'attendit pas qu'il n'y eût plus ni peintres, ni grands citoyens, ni patrie, il alla de lui-même dans la solitude, s'éprit de cette pauvre nature si tourmentée, si souffrante, et en la peignant il y mit les voix de son cœur. Aussi, quand dans ses tableaux les nuages s'entrouvrent, et qu'un pâle soleil éclaire les dunes, je crois voir la clarté douce et triste du regard de ce noble jeune homme.

Fils d'un artisan riche, il eut une éducation soignée; il apprit la chirurgie, put même l'exercer; mais il la quitta décidément pour la peinture où il fut précoce comme tous les artistes qui arrivent doués d'avance à la fin d'une société. Il vécut sans famille, lui le fils du foyer. Il fut ami tendre, docile pour Berghem, car cette liaison lui fit modifier sa manière. Toute sa vie se passa à errer dans la campagne; les uns disent qu'il chercha une nature plus accidentée en Westphalie; d'autres en Norwége : mais il n'y séjourna point, car il peignit de préférence les environs de Harlem où il était né.

Ce qui le fit un si grand artiste, c'est qu'il resta dans le Nord, et ne suivit pas les autres artistes qui, par oubli, par indifférence, cherchèrent un autre ciel. Presque seul, il comprit qu'il pourrait rendre d'une manière bien plus saisissante le pays où il était né.

Aussi dans ses tableaux la nature vit, on sent le vent, on voit les nuages voler. Avec une conscience toute filiale que peuvent seules donner les impressions d'enfance, il s'attacha à reproduire ces pauvres arbres des dunes, avec le fléchissement et le tortillé de leurs rameaux; ou bien les ajoncs au bord des digues; ou bien les flaques d'eau dans une clairière. Mais il n'oublia jamais les traces de l'homme:

je n'ai pas vu un seul de ses paysages où il n'y ait un chemin ou une chaumière.

Comme tous les solitaires qui vivent en face de la nature, il donna une place considérable au ciel. Il avait l'esprit si net que personne n'en représenta si bien la transparence.

LIV.

Pour donner ses approfondissements à la pensée humaine, la Providence se sert des inclinations mystérieuses, des vagues tristesses, des instincts solitaires, inassociés d'un homme de génie. Celui qui aurait pénétré l'âme de Ruisdael, l'aurait vu tourmenté d'un besoin d'aimer qu'il ne put probablement satisfaire dans aucune créature, et qu'il reporta dans l'infini de la nature. Mais ce qui est admirable, c'est que ses œuvres n'ont rien de vague comme fut peut-être sa passion. Il représenta chaque chose dans une spécification exacte, austère, rigoureuse. Cela n'empêche point que dans ses paysages il n'ait mis toute son âme.

Accord ineffable d'une vie inquiète, solitaire, avec les eaux agitées et les arbres battus du vent; d'un cœur triste avec les humides forêts du Nord; du sourire de l'âme avec les éclaircies de soleil à travers les nuages, comment vous pénétrer, vous dire, quand le peintre lui-même n'en eut pas conscience? Il ne voulut que représenter la nature comme il la voyait; mais on ne voit la nature que telle que l'âme la réfléchit, la colore. Nous avons en nous une chambre obscure où tout se reproduit et s'empreint de l'état de notre âme.

LV.

Je me sens bien attendri de vivre dans la société continuelle de ces hommes de génie. Ils doivent au moins m'enseigner leur bienveillance. Des circonstances si heureuses m'obligent envers ceux qui ne les ont pas. Il faut travailler sans relâche, mais dans la voie du vrai. Je ne veux que trouver des paroles de consolation ou d'amour. Il y a assez de discorde dans le monde, sans que j'y introduise les miennes.

LVI.

Quand je songe que Claude Lorrain a si magnifiquement reconstruit le passé, rendant à l'Italie par un rajeunissement éternel ce qu'elle avait pu faire pour la France ; je ne puis croire que les artistes qui viennent, pénétrés de l'histoire de la tradition nationale, ne trouvent pour leur patrie des créations aussi sublimes, mais plus populaires. Si Rome, la mère et souvent la marâtre des nations, a si bien inspiré Claude Lorrain ; que fera la France en ceux qui sauront que cette terre, que cette patrie n'a vécu et ne vit que pour enfanter les autres nations à la liberté !

Il importe d'insister sur Claude Lorrain, car il prouve magnifiquement combien le génie de la France est généreux, et désintéressé. Quels Italiens ont jamais glorifié ainsi l'Italie? Je ne sais quoi admirer davantage ou de la piété profonde de cet homme pour ces monuments d'une tradition qui appartient au monde, ou de la fraîcheur d'âme qui lui donna ce sens exquis et grandiose pour relever et ressusciter ce vieux monde. Quand on honore ainsi les morts, on mérite de vivre.

LVII.

C'est bien là le caractère magnanime de la France, de donner à tous ce qu'elle a de meilleur. Aussitôt qu'elle a quelque substance, elle n'en garde rien pour elle, elle le partage au monde.

Donc c'est la nation qui doit avoir l'art de la justice, elle qui a toujours été si juste, même quand elle était si pauvre. L'art démocratique lui appartient, car il s'agit surtout de donner, de partager, d'évoquer. Telle a toujours été sa tradition.

LVIII.

Il n'y a aucune trace du sentiment de la famille, ni dans la vie, ni dans les œuvres de Claude Lorrain ; ainsi dans la fuite en Égypte, saint Joseph est à part, pendant que la Vierge est servie par les anges.

Il commença par les emplois les plus humbles, par le matériel de la peinture, broyant les couleurs, nettoyant les pinceaux dans l'atelier d'Agostino Tassi, dont il était plutôt le serviteur que l'élève. Ce point de départ est bien légitime. Ses progrès dans son art furent des progrès dans le bien-être et dans la liberté. Il ne commença point comme aujourd'hui par la philosophie de l'art, mais il entra peu à peu dans ce monde si au-dessus de lui. Peindre la nature lui parut un honneur, une récompense; et cet humble, ce simple la vit toujours avec les yeux du désir. Il ne faut point oublier non plus l'initiation par la bonté, par l'humanité de son maître. Le monde reste tranfiguré, lorsqu'on y entre avec le sentiment de la reconnaissance.

Cet enfant sans famille, sans patrie, s'éveille peu à peu, dans ce climat enchanté aux leçons de son maître; il ne voit rien qui soit plus souhaitable que de reproduire cette noble nature; et son aspiration si naïve, son désir de rendre belles ces belles scènes qu'il voit s'imprime si bien dans ses œuvres, que ces instincts deviennent pour nous des réalités : tant il est vrai que tout ce qu'a pu vouloir un artiste se manifeste avec le temps; et que le plus important d'une œuvre d'art, c'est l'intention de l'artiste, qui, d'abord cachée, se révèle à mesure que celui qui regarde est plus sincère, et descend plus avant en lui-même.

C'est dans un homme instinctif comme Claude Lorrain qu'on peut se rendre compte de la physiologie la plus mystérieuse d'une œuvre d'art. Elle échappe dans les artistes plus cultivés, où les précédents et surtout le parti pris compliquent l'inspiration.

Qu'est-ce qu'une œuvre d'art? Une impression rendue sensible. — Et plus l'âme d'où elle émane est naïve, entière, plus cette âme reste visible dans sa production.

De là, dans les paysages de Claude Lorrain, cette première fleur de l'enthousiasme, ce désir d'admirer qu'il avait et qui se communique.

Aussi tout mon espoir pour l'art à venir, c'est que l'artiste, trouvant dans sa conscience plus de raisons d'aimer et d'admirer la nature, se sentant avec elle plus d'analogies intimes et profondes, sa création sera plus saisissante, plus bienfaisante pour les autres hommes.

LIX.

Claude Lorrain était infatigable au travail, sa persévérance invincible.

La grande supériorité des hommes du peuple c'est qu'ils ne sont point entamés d'avance. Ils peuvent travailler indéfiniment : mais il faut qu'ils soient soulevés par leur admiration; il faut que l'objet de leur recherche, disons mieux, de leur foi, les oblige de monter, de croître toujours.

Claude Lorrain nous montre quel respect naturel les hommes du peuple ont pour la tradition. Avec tous les instincts d'une âme neuve, il n'inventa que le passé, sans aucune allusion au présent, sans pressentiment de l'avenir.

Mais son originalité, c'est qu'homme d'instinct, il s'attacha passionnément à la nature. Là il ne subit aucune influence, aucune convention. Il resta toujours au milieu de l'insaisissable, voulant le fixer. Dans cette nature, il trouva une civilisation disparue dont les restes magnifiques si bien d'accord avec le paysage échauffèrent et retinrent son admiration.

LX.

Claude Lorrain ne peignit que la plus belle nature pendant toute sa longue vie qui dura près d'un siècle. Rarement il représente des scènes pénibles. Presque jamais il n'est triste. — Quel fonds inépuisable contiennent ces hommes d'instinct ! Que de forces de création étouffées par la vie dure et abrutissante qu'ils ont chaque jour ! Nous, si nous l'avions un seul jour, nous mourrions. Eux, ils résistent, mais à quel prix ?

LXI.

Ce qui donne aux compositions de Claude Lorrain ce caractère d'immensité, c'est le spectacle continuel de la mer. Il est rare qu'elle ne se trouve pas dans chacun de ses tableaux, au moins dans le lointain.

Quelle éducation que la vue de la mer et celle de ces ruines colossales, immenses, regardées aux différentes heures du jour! Ce sont là les seules leçons qu'il ait jamais reçues.

LXII.

Claude Lorrain avait coutume de dessiner dans un livre tous les tableaux qu'il envoyait dans les pays étrangers, afin de ne point se répéter, et pour distinguer ses œuvres des copies qu'on vendait sous son nom.

Ce *livre de vérité*, qu'il appela ainsi lui-même, témoigne de sa vie régulière, laborieuse, qui s'écoula comme un songe, sans laisser d'autres traces que des tableaux, dont il ne gardait que ce simple dessin.

Combien il a produit, puisque les deux volumes du *livre de vérité*, seul reste des six qui composaient son œuvre, contiennent presque deux cents tableaux !

LXIII.

Claude Lorrain vécut calme et paisible, en possession du trésor que son observation de la nature lui augmentait chaque jour. C'est une des vies les plus heureuses qu'il y ait eu peut-être parmi les artistes. — Ayant reçu la lumière, il en vécut ; elle lui suffit, lui remplaça la famille et la vie d'action.

L'harmonie de ses paysages ne lui vint que de la sérénité de son âme. Les plus beaux spectacles de la nature auraient été impuissants à lui enseigner l'harmonie, s'il n'avait eu cette candeur à les reproduire.

LXIV.

Le progrès de Claude Lorrain fut d'emplir la nature des traces et des créations de l'homme : les monuments d'architecture tiennent de plus en plus de place dans ses paysages. Ainsi, le sentiment moral augmente en lui, et à la poésie de la nature, de la lumière pour elles-mêmes, succéda la poésie des ruines, des monuments des hommes, la religion des ancêtres.

N'est-ce point là, au reste, le progrès de tout homme d'atteindre par le travail, par une vie croissante, son vrai fond, qui est l'amour des hommes? Peu importe que les hommes sincères se retirent ou non du monde : ils ne vont dans la solitude que pour s'occuper des hommes. Philosophes ou artistes, qui avez été libres en vous-mêmes, c'est vous qui êtes les prophètes d'une societé meilleure.

Comme il se reposa dans la grâce de la lumière, dans la douceur sereine des tombeaux et des ruines !

Il apprit à regarder cette belle nature par la tendre sollicitude de son maître ; l'âme exubérante de reconnaissance pour ces magnifiques spectacles que son œil, de plus en plus exercé, pénétrait mieux chaque jour, il vécut longtemps ne peignant rien que la lumière ; puis peu à peu ces ruines, qu'il trouvait si belles dorées par le soleil, lui parlèrent d'elles-mêmes ; il voulut les reconstruire, et ses paysages s'animèrent de tous les souvenirs des poëtes, fictions divines qui seules convenaient à cette nature divine. Dans les campagnes, où il errait des journées entières, il recueillit l'esprit des immortels qui y règnent toujours, et il ressuscita la religion de ces paysages éternellement païens.

Sa vie ne fut qu'un repos dans la grâce.

Mais on ne peut y entrer sans que la production ne coule à torrents, inépuisable, comme l'amour qui croît, qui monte toujours dans le cœur de l'homme.

J'ai là l'explication de cette production merveilleusement rapide et nombreuse de ces jeunes hommes qui naquirent doués.

Raphaël et Mozart reçurent en naissant la grâce qui avait manqué à ceux qui les précédèrent. Ils eurent de prime abord cet âge heureux où l'on n'arrive que par de longues années. Leur conception rapide, intense, leur chaleur de cœur fondirent tous les obstacles qui arrêtent et qui conservent. Ils se consumèrent plus vite à la flamme intérieure qui brûlait en eux, donnant coup sur coup leur vie en prodigues.

Les uns, comme Raphaël, naissent avec la réalisation d'une beauté idéale, que tous ceux qui ont précédé avaient poursuivie sans l'atteindre. D'autres, comme le Corrége et Mozart, naissent avec le rayonnement de l'âme; d'autres enfin comme Ruisdael, naissent avec une blessure cachée, incurable : tous, ce sont les martyrs de la foi ; car ils croient si bien à la vie éternelle, qu'ils ne semblent nés que pour se donner plus vite, afin de passer plus vite.

Les hommes forts ne sont point ainsi : ils ménagent mieux la vie : je parle du Titien, de Rabelais, de Shakspeare, de Rembrandt, de Molière, des génies les plus réalistes qui ont toujours fait société avec les hommes. Ils y acquirent un sentiment plus exact de la réalité ; et, sans perdre de leur bienveillance, ils ont trouvé souvent mieux le cordial qui guérit et qui soutient les hommes.

Quant à Michel Ange et Beethoven, deux titans, deux prophètes, l'un du passé, l'autre de l'avenir; l'un qui, au XVIe siècle, au milieu des ruines morales, eut le génie des prophètes juifs; l'autre qui, dans un monde de songes, comme l'Allemagne, eut toutes les passions, toutes les agitations de l'homme moderne pour la liberté.

LXV.

Ainsi je continuerais par ces songes d'un simple qui rêve du passé, Claude Lorrain; puis j'entrerais dans la réalité, la sombre réalité par Ruisdael.

Tous deux ont peint les ruines. Claude Lorrain, dans la douceur, dans la sérénité d'un enfant qui s'éveille aux dernières lueurs du vieux monde, en a représenté les restes avec toutes les illusions de la jeunesse. Ruisdael, lui, s'est attaché aux ruines de la nature vivante. Au moment où la nationalité s'affaisse, ce fils de la Hollande retrempe énergiquement son âme devant une nature, pauvre, triste; mais il la fait si sincère, que l'âme moderne s'y retrouve dans ses mélancolies. Ce n'est point le rêve, mais la volonté ajournée. Pourquoi Ruisdael n'aurait-il pas été un Jean de Witt?

Et s'il fallait dire lequel de ces deux artistes

la France doit surtout reprendre, je dirais que c'est Ruisdael qui a pris la nature dans sa réalité poignante, mais humaine.

LXVI.

A mesure que je tournais chaque feuille du *livre de vérité* de Claude Lorrain, des eaux fortes de Ruisdael, de l'œuvre de Rembrandt, j'avais le sentiment qu'une grande chose nouvelle, inconnue allait m'apparaître. Plusieurs de ces compositions se trouvaient répondre juste au besoin intérieur que j'avais de voir ma pensée exprimée.— Qu'ils soient bénis ces artistes, car je n'ai d'assurance en moi que par eux !

Mais quand j'ai éprouvé ces jouissances, c'est presque toujours avec un sentiment de remords. Il y a tant d'hommes qui en seront privés dans cette vie, et qui en seraient si heureux, soulevés au-dessus de leurs misères !

Je comprenais pourtant la différence qui existe entre l'aristocratie de la culture et les autres aristocraties : c'est qu'ils ne me rendaient heureux, ces grands hommes, qu'à condition de faire comme eux, de partager, de communiquer ma vie croissante.

LXVII.

Comment l'humanité fit-elle son nid, au XVIIe siècle, dans ce petit coin de terre de la Hollande, c'est que ce pays eut les vertus de famille.

C'est surtout dans les ménages pauvres et qui vivent de leur travail, que la famille est le fruit d'un sacrifice jour par jour. De là l'union entre ses membres. La vie des enfants y est la représentation des sueurs du père. Comment cet enfant, qui a coûté le meilleur des forces d'un homme, pourrait-il se remplacer? La mère qui administre le pauvre petit pécule sait tout cela dans son amour : providence inquiète, fixée dans un lieu, dans une vie précaire, souvent dépendante du chômage, elle ne peut avoir la sérénité de la grande Providence qui sait tout et peut pourvoir à tous.

On ne peut séparer la famille de la propriété dans les ménages pauvres, et c'est là une différence énorme entre les riches et les pauvres. Les riches élèvent leurs enfants avec leurs revenus, comme ils achètent un cheval, une voiture; les pauvres les nourrissent avec le capital. Non-seulement j'y trouve la sainteté du travail en famille, mais j'y vois pourquoi les enfants du peuple arrivent à la vie avec l'instinct du sacrifice, c'est qu'on leur a tout donné.

LXVIII.

Rembrandt, qui vivait au milieu des bourgeois à Amsterdam, ne composa jamais d'intérieurs bourgeois, mais dans ses histoires de la Bible et du Nouveau Testament, il peignit toujours le foyer du pauvre. Le succès de ses peintures, le haut prix que mettaient à ses gravures tant d'amateurs avides, il le dut à la fantasmagorie de sa lumière, où tous retrouvaient, sans en avoir conscience, la flamme du foyer, le fond de la nationalité hollandaise.

LXIX.

Paul Potter choisit presque toujours les belles heures d'après-midi pour ses tableaux et ses eaux fortes.

En Hollande, le soleil, presque toute la journée couvert de nuages, s'en dégage vers quatre heures, et jusqu'à son coucher, il inonde les prairies sans limites de la plus douce, de la plus chaude, de la plus splendide lumière. Il semble alors que le ciel se charge de partager les joies du foyer aux animaux domestiques, aux pauvres serviteurs de la famille hollandaise.

Il y a quelques mois, en parcourant la Hollande à ce moment du jour, je retrouvais partout, dans les prairies, les tableaux de Paul Potter. — Toujours les chevaux fraternisent près des barreaux, et le soir, comme dans le tableau du Louvre, les vaches mugissantes semblent dire au vacher de venir, qu'il est temps de les rentrer.

Cette lumière heureuse, qu'il avait vue tout enfant, lui resta dans les yeux. On la trouve dans le vacher et le berger qu'il fit à dix-huit ans, et toujours il la garda, la déposant jusque dans le grain serré de sa pointe.

On a peu de détails sur la vie de Paul Potter, comme sur tous les travailleurs qui se mirent tout entiers dans leurs œuvres.

Son grand-père était receveur d'un district; il avait épousé une femme issue de la maison d'Egmont; cependant le père de Paul Potter était très-pauvre. Peintre médiocre, il donna les premiers éléments de son art à son fils qui le surpassa bientôt, et devint, à dix-huit ans, un maître habile. On ne peut en douter en voyant ses premières eaux-fortes où la spécification la plus attentive des moindres détails du poil, des herbes, se joint à ce doux sentiment de la lumière qu'il apporta de naissance, ou qu'il reçut de ses premières impressions d'enfant. — Sa manière reproduit alors assez celle d'Albert Durer, procédés qui semblent empruntés de la ciselure pour le relief, où tout est fait en conscience et où chaque accessoire est traité dans une rigueur un peu minutieuse. Mais dans Paul Potter, cela devient un mélange admirable de la couleur et du travail le plus fini, le plus exact.

Toute sa vie se passa à obtenir cette précision harmonique qui donne à ses œuvres une perfection que personne n'a peut-être jamais atteinte.

Il étudia d'après les tableaux d'Amsterdam et de la Haye, conservant toujours sa spécialité de peintre d'animaux. Il se sentait d'instinct porté vers ces bêtes qu'il aimait pour les avoir vues tout enfant. Il ne demanda rien de plus que de les peindre comme elles étaient pour lui, confondant ainsi le charme de ses souvenirs dans la réalité. Par le tendre respect qu'il en avait, il en vint à se mettre tout entier dans ses œuvres. Où l'homme ne peut-il arriver quand il enferme l'infini de son âme dans une spécialité ! De voir, d'étudier la nature avec cette bonne intention, il la fait ce que nous la voyons par lui, la plus belle et la plus vraie possible.

Il se fixa à la Haye, où il épousa la fille d'un architecte qu'il obtint à grand'peine, car il n'était que peintre d'animaux. Son beau-père lui procura du travail : mais son habileté de plus en plus remarquée, sa conduite exemplaire, son esprit orné, très-lettré, attirèrent bientôt chez lui une société d'élite. Des ministres étrangers et le prince Maurice d'Orange venaient le voir travailler.

Quand on le connaissait à fond, dit un de ses biographes, on ne pouvait le quitter. Sa femme ne le connut point. Pendant qu'il était tout occupé de son art, elle se livra à la galanterie.

Elle se corrigea, dit-on, et Paul Potter finit même par lui pardonner.

Il mourut étique de travail à vingt-huit ans.

LXX.

Cette vie si courte, où les jours suivent les jours, fut cependant bien complète. Il regarda, il représenta, il aima pour eux-mêmes ces animaux qu'on n'avait jamais considérés que par rapport à l'homme.

Ce n'est point en vain qu'un homme aime les animaux. Ils rendirent à l'artiste plus que l'homme ne leur avait donné.

Au reste, Paul Potter ne suivit en cela que le sentiment de ce pays, où, par la nature du sol, l'homme vit en rapport continuel avec les animaux domestiques. Dans ses eaux-fortes, dans ses tableaux où tout est si bien harmonisé d'heure, de lieu, de caractère, vous retrouvez le fond de la Hollande, la nature germanique; mais aussi les qualités de décision, par où la Hollande s'en distingue, la netteté, la précision d'un pays conquis pouce à pouce tous les jours sur l'Océan.

Paul Potter fut un des plus vrais historiens de la Hollande.

L'été, il se promenait dans la campagne, dessinant sur un portefeuille des études pour ses tableaux. L'hiver, il gravait ces études à l'eau-forte.

Je ne connais point de tableau de lui postérieur à ses chevaux gravés à l'eau-forte. Par un progrès naturel, il y atteignit la réalité dramatique. Je n'ai rien vu de plus poignant que ce cheval mourant qui s'achemine résigné vers son compagnon tombé mort, que déjà des chiens dévorent.

LXXI.

A l'époque où Paul Potter peignait les animaux en Hollande, La Fontaine les faisait parler. Ce n'est point un vain synchronisme.

L'homme forcé partout de s'enfermer en soi devenait plus pitoyable.

O éternelle nature humaine, tu n'apparais bien que dans les hommes simples! — Comme on s'entend bien avec La Fontaine! Il était, dit-on, difficile de le faire causer, un rien l'effarouchait. Mais quand il se trouvait bien, quel éclat, quelle fraîcheur de causerie! Dans l'intimité, sous la douce couvée d'une femme, quelle conversation regrettable! Il eut l'art de la France, la parole. Il conta au gré du souffle intérieur.

Dans les fables de La Fontaine, le vers n'est si varié, coupé si à point que parce qu'il suit la respiration du conteur. La Fontaine fait voir comme il a vu en lui-même, et l'effet reste éternel. Il n'a atteint cette forme si heureuse, que par la parfaite justesse de son impression, retenue, conservée dans sa somnolence habituelle.

LXXII.

Si l'on n'avait pu en Hollande si bien s'isoler des événements du temps, Rembrandt n'aurait pas peint probablement les harmonies du foyer pendant l'affreuse guerre de Trente ans. Les animaux attendraient encore cette patiente étude de Paul Potter. — Ne dites pas qu'ils sont ainsi dans la réalité. Qui les voit? Qui en a le temps? Qui en a le cœur? Maintenant ils sont à jamais sous le patronage d'un homme de génie. — Et cette nature où Dieu habite, nous n'en connaîtrions pas le charme mélancolique, si Ruisdael ne s'y était réfugié pour s'y exprimer lui-même. — Le monde ne serait pas où il en est. Il n'aurait pas ces approfondissements du cœur. Nous savons mieux par ces artistes ce que c'est que l'homme, quels trésors il y a en lui.

LXXIII.

Qui comprit mieux que Weber les voix de la nature inférieure, et devina si profondément les plaintes de ce monde obscur, étrange, de rêves, d'aspirations, mais si sympathique à l'homme! Nos pauvres frères en Dieu, si méprisés, si inconnus vibrèrent dans cette âme blessée; leurs bruits devinrent les plaintes de son cœur, les accents douloureux de la passion vague, mais dévorante qui le mina toute sa vie. Son organisation subtile et maladive en perçut les harmonies comme les bruissements. — Dans l'ouverture du Freyschutz, j'entendais si distinctement les ondulations frémissantes des grands arbres sous les vents d'automne, qu'un soir, j'avais écoutées tout seul dans le jardin de V... Ces arbres qui abritèrent tous ceux que j'ai aimés, ne me disaient-ils donc rien?

Qui plus que Weber m'autorisera à dire que tous ces bruits de la nature, ce sont aussi les voix de l'homme; lui, qui trouva par eux l'expression des sentiments les plus mystérieux de l'âme humaine!

Voix innocentes et fraternelles, qui m'avez calmé et rasséréné, lorsque j'étais enfant, je vous connais maintenant; je sais d'où vient votre vertu bienfaisante, depuis que vous m'êtes revenues par les chants de ce grand artiste.

Et toi aussi, puissance du génie, je te remercie doublement : tu m'as révélé au Louvre, par les paysagistes hollandais, la campagne que j'avais toujours regardée sans la voir; et c'est encore à toi que je dois aujourd'hui d'entendre et de comprendre ces voix nouvelles de mon cœur.

LXXIV.

La musique de chambre fut une révélation pour moi. Elle me donna le secret et en même temps l'idéal de la vie du Nord. Cette musique me redit sous forme abstraite, mais plus intime, ce que m'avaient déjà dit les tableaux d'intérieur des maîtres hollandais.

La peinture rend visibles les mystères d'une vie renfermée. Les murailles s'abaissent. Vous voyez l'homme au moment qui le caractérise : le génie du peintre lui retrouve son expression la plus complète, toute une vie en un moment; et ce que la figure ne peut exprimer, la lumière, le costume, jusqu'aux meubles habituels, vous le disent. Vous voyez, vous pénétrez cet intérieur, vous saisissez tout du regard ; mais vous êtes à distance, dans cette contemplation solitaire.

La musique, au contraire, vous prend dans votre vie. C'est votre action, votre effort, soit à vous, soit à d'autres, qu'elle sollicite ; car elle exige une coopération actuelle pour se produire.

Dans un petit appartement où n'entre ni trop de lumière ni bruits du dehors, deux ou trois amis se réunissent, et tous trois ensemble font chanter leur âme. Ils se racontent, ils se confient le drame si tendre de leurs fugitives espérances, de leurs pressentiments, de leurs vagues tristesses. Ce ne sont souvent que lueurs, mais qu'y a-t-il de plus dans la vie que des lueurs ?

Ce n'est, comme d'ordinaire en Allemagne, qu'une vie ménagée, renfermée, de culture quelquefois subtile, d'habitudes peu variées : mais qu'ils regagnent cette absence de mouvement, de bruit extérieur, ce peu d'accidents, par la déduction si fine, si délicate, si nuancée que cette vie trouve par la musique, dans la diversité de l'expression, ou simultanée ou isolée, mais toujours concordante, qu'à trois ils peuvent donner à une même pensée! Et d'ailleurs quelle conversation plus complète que celle où deux ou trois personnes peuvent parler à la fois, en se gardant leur voix propre! Lorsque l'un s'arrête, hésite, l'autre reprend, continue; ils s'aident l'un l'autre, se provoquent à tout se dire, jusqu'à ce que le troisième, où l'un des deux s'enhardisse, poursuive et achève. Et ils ne s'unissent tous deux, tous trois que pour se donner courage, s'affermir, se sentir solidaires, ou bien faire éclater bien haut ce qu'ils voudraient garder, sauver de tout cela, leur accord.

Il semble que cet épanchement ne pourrait, ne devrait jamais finir. On croirait suivre les caprices de la rêverie la plus fantasque. Ce ne serait qu'une broderie ravissante que le souffle crée, que le souffle efface; mais toujours ils vous ramènent par le rhythme, par le ton identique, à ce qui fut l'inspiration de la musique de chambre, la libre et profonde amitié.

LXXV.

Je me souviens aujourd'hui, après bien longtemps, d'un quatuor de Beethoven qui m'exprimait tout d'abord l'impétuosité d'amis si pressés, si avides de se revoir, que se trouvant réunis, ils parlent à la fois, en monosyllabes rapides, haletants, tant leur âme déborde, a hâte. — Et puis, leur cœur redevenant peu à peu, calme, uni, transparent, ils s'engagent doucement, à loisir, dans les plus mystérieux épanchements, avec cette continuité soutenue que les instruments à corde peuvent seuls permettre.

LXXVI.

Les grands musiciens du dix-huitième siècle ont trompé le monde où ils vivaient. Ils se sont bâti un royaume où ils étaient libres. Ils y ont établi l'ordre qui manquait à ce monde. Ils ont rendu leur langue impénétrable, pour se mettre en sûreté; mais ils l'ont faite si humaine, qu'ils en ont charmé même ceux qui ne pouvaient la comprendre. Ils les ont flattés par le son, par l'harmonie sensible : le vulgaire par le bonheur du trait; les savants, par des combinaisons à la portée d'un petit nombre. — Mais ce qui débordait chez ces artistes, le cri du cœur, l'élan mystérieux d'une âme solitaire, les espérances, les joies, l'expansion sans fin de l'homme sûr de lui-même, le public auquel ils s'adressaient ne l'a pas vu, ne l'a pas senti.

C'est un grand symptôme que les Français soient si propres à interpréter cette musique. C'est que la flamme cachée dans ces œuvres ne peut se rallumer qu'à l'étincelle française.

C'est une grande espérance pour l'avenir.

J'y sens combien l'âme française est vibrante à toutes les pensées du monde. Quelle aisance, quelle décision, quel libre respect ! — O peuple si intelligent, n'auras-tu pas plus que jamais l'invention, car tes artistes souffrent de n'être que des interprètes : les uns mélancoliques, les autres passionnés, hors de la vie, hors du temps ; tous brisés, dévorés avant l'âge ?

Pauvres artistes, voix dépendantes du monde, il vous faut une société meilleure pour que vous puissiez donner toute votre âme ! Vous êtes heureux encore que la mode, que le succès accueille ces œuvres sacrées des maîtres. Là vous pourrez nourrir l'étincelle qui brûle dans vos cœurs ; vous pourrez préparer le monde à entendre celui d'entre vous qui osera être pleinement soi, c'est-à-dire non plus interpréter les autres, mais s'exprimer lui-même.

Et vous, grands hommes du passé, source éternelle d'inspiration, elle vous est bien due cette réparation. Au moins, de mon temps, je vous vois pénétrer dans des classes, dans des nations, où vivants vous n'êtes jamais arrivés. Vous devez vous réjouir de voir ces jeunes gens, fils de pauvres artisans la plupart, recueillir pieusement votre souffle et le répandre sur le monde.

Il me semble que c'est votre âme qui chante à la mienne. Lorsque d'autres croient entendre des sonates, des symphonies, je ne vois qu'elle, je ne remercie qu'elle, dans le plaisir que vous me faites éprouver. — Vous même vous n'avez pas su combien vous vous exprimiez dans vos œuvres. Si vous aviez cru si bien vous révéler, peut-être n'auriez-vous osé? Mais ce ne sont que les âmes dignes de vous connaître qui pénètrent votre individualité ensevelie dans le secret de vos œuvres.

LXXVII.

Rares moments où l'on peut entendre de la musique. Il n'est point étonnant qu'elle soit si peu entendue, si peu comprise, quand moi, qui en ai tant besoin, qui devrais être si bien préparé aujourd'hui, je me trouve fermé, discordant. Mauvaise disposition qu'elle dissipe peu à peu.

J'ai un exemple de la vertu curative de ces œuvres. — J'admire la sérénité d'Hummel; mais elle est trop désintéressée, trop impersonnelle : j'y retrouve la forme magnifique et froide de Goethe; elle ne me touche point le cœur. — Mozart seul a la douce puissance de charmer mes pauvres esprits : c'est à mon cœur qu'il s'adresse, mais avec les ménagements infinis d'une âme tendre qui a souffert, et qui n'a appris de la souffrance que le secret de l'adoucir, de la charmer, de la guérir.

Esprits célestes, âmes bienfaisantes, ne pourrai-je jamais vous remercier? Je vous connais bien peu, je ne pourrai jamais vous apprécier dans toutes vos œuvres, mais le peu que j'ai entendu de vous me suffit. Mon âme a pénétré votre âme. J'ai reçu de vous l'étincelle d'amour éternel qui à jamais brûlera en moi.

Je vous dois beaucoup. Vous m'avez calmé

sur mon insuffisance, sur mon ignorance. Vous seuls avez pu me persuader que je pouvais me passer de vous. Aussi je vous reviens moins pour renouveler le bonheur si doux, si pur de vous entendre, que pour évoquer et éveiller en moi cette voix intérieure qui pourrait vous continuer. De vous entendre, c'est comme un songe, où vous m'instruiriez de toutes les puissances inconnues qui dorment en moi. Vous reliez, vous rassemblez tous mes esprits; et ils s'unissent pour augmenter ma conscience, lui révéler dans une langue enchantée tout ce qui se passe en moi, et que je ne puis définir.

Que votre étude nous est nécessaire à nous qui cherchons une société plus juste et plus humaine! Cette cité intérieure que la philosophie avait trouvée, fondée dans chaque âme, dont elle s'étudiait à trouver les lois, à régler les rapports; vous l'avez surprise dans sa vie, vous l'avez donnée tout agissante, toute parlante, laissant à chaque âme de s'y reconnaître et de s'y rallumer.

LXXVIII.

Hier, je revenais presque découragé de mon ignorance, car enfin, je parlerai de la musique et je n'en connaîtrai qu'imparfaitement l'histoire. (Cette histoire n'est point dans les livres : elle serait seulement dans l'audition des œuvres musicales exécutées par ordre chronologique de composition.)

Que j'avais tort ! Si j'avais toutes les ressources, toutes les informations qu'on aura dans quelques années, ce que je veux faire serait trop facile : un compilateur suffirait. Il vaut bien mieux prendre l'initiative, quand personne ne sait et que tous attendent. Plus tard, quand la lumière sera faite, chacun se l'appropriera à sa mesure, suivant son génie. — Et moi-même aurais-je le même enthousiasme, si le monde que je porte en moi et que j'ignore était découvert ? Aurais-je cette joie profonde et naïve de sentir chaque jour ce monde inconnu se révéler à ma pensée? — Il n'y a rien de tel que de voir dans un demi-jour une bonne œuvre encore confuse, quand il dépend de la volonté et d'un travail persévérant, de l'amener peu à peu à la lumière, et la donner à tous.

C'est l'art à venir, c'est l'infini des âmes nouvelles que je pressens dans ces créations musicales. Je suis à la limite des deux mondes. Fils du passé, j'interroge mon âme toute pleine des pressentiments de l'avenir. Je cherche à recueillir dans les œuvres des grands artistes qui ne sont plus, l'étincelle de vie qui produira des œuvres nouvelles. Du souffle qui les rendit créateurs, je voudrais évoquer un monde increé.

LXXIX.

Beethoven s'est trouvé, à la fin des temps, impatient des règles.

Handel, Sébastien Bach, qui les avaient créées, y restèrent invincibles.

Le père de la symphonie, Haydn, dans sa longue vie, calme et laborieuse, s'était toujours tenu dans les limites traditionnelles. Mozart, par sa précocité et sa culture morale, y atteignit tout enfant la dialectique la plus déliée. Il fut enfant si sensible, qu'il tourna toute la subtilité de son âge et de son art en effets passionnés.

LXXX.

Mais la véritable originalité de Mozart ne se trouve que dans ses dernières œuvres, écrites sous l'inspiration d'une mort prochaine.

A vingt-huit ans, lorsque la fortune, de guerre lasse, lui devient un peu moins contraire, sa maladie de poitrine éclate, compliquée d'une affection nerveuse qui le jetait dans des accès d'une sombre mélancolie.

Alors la pensée de la mort, et d'une mort qu'il voyait s'avancer, donna à ses dernières compositions ce caractère de gravité passionnée qui n'est point dans ses premières œuvres, et qu'il n'aurait peut-être jamais atteinte après l'éducation meurtrière d'enfant prodige.

Le génie dramatique lui vint. Il le dut au drame intérieur qui se passa en lui. Quel drame, lorsqu'il sera raconté dans le détail !

Mozart, si ardent pour la vie, qui plus il en avait donné, plus il en avait senti naître en lui (et des sources intarissables !); lui que tout déjà avait pressé de produire, combien avait-il maintenant à se hâter pour jouir au moins dans sa pensée de tout ce qu'une mort anticipée allait lui ravir !

Il lui fallait en deux, trois ans, aimer, vivre, agir, verser son cœur pour toute une vie. Il ne songea qu'aux moyens de se prodiguer sans réserve dans ses œuvres. De là ce travail excessif qui le faisait tomber d'épuisement, au point que ses amis le transportaient de son piano sur un lit de repos; de là ces chefs-d'œuvres si différents entre eux de style et de sujet, si distincts d'inspiration, qui se pressent, se succèdent simultanément!

Il faudrait tout citer dans cette production intense, de *Don Juan* à *la Flûte enchantée*, écrite au milieu des angoisses de la mort, et enfin au *Requiem*.

Dans ces dernières œuvres, on sent à chaque instant les effluves d'une âme pure, aimante, mais blessée, qui s'épanche jusqu'à ce que le dernier souffle manque. Je n'ai pas l'idée d'une production plus bienfaisante que celle qui sortit alors de ce noble cœur. Il semble que sa douceur morale, sa tendresse infinie, se soient accentuées dans sa musique, car chacune de ses notes résonne en moi d'un timbre singulier que n'a point aucune autre.

LXXXI.

Beethoven n'eut point ce drame. Il en eut un autre : la contradiction d'une âme libre avec la société fausse au milieu de laquelle il vivait.

Il fut libre au moins en lui-même.

Et que fit-il ? Il inaugura dans la splendeur de la raison pure les âges de la conscience. Il pressentit et exprima dans son inspiration solitaire ce que feront les hommes, quand ils seront enfin d'eux-mêmes librement assemblés en commun.

Il commença ses symphonies au moment des grandes fédérations françaises. Accord mystérieux entre tout un peuple et un homme d'une autre nation, qui trouva dans son cœur la musique des fêtes nouvelles que célébrait la France entière ! Et il ignorait ces fêtes, et il ignorait ce peuple. Il ne connaissait sans doute la Révolution française que par les malveillances étroites et intéressées des petites cours aristocratiques au milieu desquelles il vivait.

De quels procédés mystérieux Dieu se sert pour faire arriver sa lumière !

LXXXII.

La symphonie héroïque de Beethoven.

Première partie. La vie du héros, dans la plus grande violence, mais sans trouble. Dans l'agitation de la mêlée, la vigueur, la netteté, la décision individuelle ; puis l'enveloppement par les masses et par les grandes voix collectives, et de plus en plus la reprise de la voix du héros calme et fort : c'est toujours un homme, malgré tous les excès d'action. Aucune musique plus libre. — C'est merveille d'entendre ce chant de bataille exécuté par les fils de la grande armée. L'orchestre du Conservatoire joue comme nos pères se battaient.

Seconde partie. Marche funèbre au convoi du héros. Aucun essai de musique descriptive; mais la représentation de ce qui se passe intérieurement dans les âmes d'un peuple qui pleure un héros. La musique, là, peut dire plus que la parole : par elle on sent les frissons qui courent dans un peuple, l'agitation intérieure, extérieure tout ensemble, de foules onduleuses comme les vagues de la mer.

L'orchestre donne de suite ce cri de douleur échappé de l'âme du peuple, si vrai, si simple, mais si complet qu'il est susceptible de revenir par des voix diverses, collectives ou individuelles, mâles ou féminines, et par toutes à la fois. N'est-ce pas là un des secrets du génie que son inspiration soit si complexe dans sa simplicité, qu'elle convienne tout à la fois à l'expression des sentiments les plus variés, les plus distincts?

La marche, la cérémonie distraient un peu

ce peuple de sa douleur ; mais le chant funèbre n'en revient que plus saisissant. — Beethoven a surpris cet effet à la douleur individuelle, où le souvenir revient plus poignant après toute distraction. — Peu à peu, par l'échange des voix isolées ou réunies, la douleur est devenue si universelle; elle a si bien fait son chemin dans l'âme de ce peuple, qu'elle se transforme en prière et s'adoucit dans un accent touchant, où toutes les âmes se confondent. Ce n'est point seulement résignation, mais le cœur de ce peuple s'ouvre si bien qu'il mérite une nouvelle vie : il s'est rempli de nouveau.

Dans les deux dernières parties, le peuple est abandonné à lui-même.

Dans *la troisième*, il se remet d'ensemble dans un mouvement franc, net, mesuré, où tous participent comme une armée entière sous une même discipline. Mouvement sans tristesse, plutôt d'entrain, comme il convient au renouvellement incessant, à la jeunesse éternelle de la foule. Un peuple ne peut mourir, ni rester triste.

Dans *la quatrième partie*, tous devenant par tous héroïques : unis par la force, ils arrivent naturellement à la paix. Quel magnifique développement de ce mot : Les doux sont les forts ! — La lumière abonde dans ce quatrième morceau plus que dans tout le reste. Il semble qu'il soit pénétré de soleil.

Tout aboutit dans Beethoven au peuple. Il n'y a de héros que le peuple : lui seul est toujours jeune, fort, immortel. Cette symphonie est un hymne où les droits de l'individualité sont si bien garantis, que par là même on arrive légitimement à une société supérieure à l'individualité.

Je sais que tout ce commentaire est plutôt en moi que dans cette musique, que Beethoven n'a point eu toutes ces intentions, qu'un autre y entendrait autre chose : mais ce sont les voix de mon cœur qui sont nées à cette musique, et elles sont si sincères, si véridiques pour moi, que je dois les respecter assez pour les écrire. C'est ainsi que je comprends Beethoven. Je ne veux point tenter d'imposer mon interprétation, mais indiquer seulement de quelles sources d'inspiration il sera pour tous ceux qui voudront y reconnaître et y suivre leur pensée.

LXXXIII.

Je comprends mieux après la *symphonie héroïque* la tendresse naturelle de Beethoven pour les malheurs de la nationalité grecque. Lui qui contenait de quoi évoquer à la liberté les sociétés nouvelles, il devait se sentir ému de pitié pour ces pauvres peuples du passé. Aussi la musique des *Ruines d'Athènes* est-elle pleine de larmes, simple, sans grands effets, mais colorée par l'inspiration des chants populaires. Il sentit que ce n'était pas la place des voix d'un homme, mais qu'il fallait respecter les voix d'un peuple.

Cette musique, faite pour l'ouverture du théâtre de Pesth, est remplie de motifs de chants populaires (le chœur des Derviches, la marche des Turcs, etc.). Il dut l'écrire sur la frontière de Hongrie, près de ce peuple héroïque.

Il y atteint le pathétique. — Combien il fut sociable cet homme, qu'on a dépeint d'humeur si farouche, si bizarre! « O hommes, qui me croyez et me déclarez haineux, sauvage ou misanthrope, combien vous me jugez mal! Vous ne savez pas la cause secrète de ces apparences. »

Dans les *Ruines d'Athènes*, le drame de l'affranchissement n'est point engagé. Ce ne sont que des plaintes, mais Beethoven y trouve la protestation la plus chaleureuse pour ce vieux peuple que la servitude retient encore.

Quelles tempêtes il aurait déchaînées dans l'orchestre, s'il avait pu espérer une rénovation nationale, s'il avait fait cette musique après 1820!

C'est une œuvre de pitié pour un grand peuple déchu. Il la trouva dans son recueillement solitaire. Mais il suffit de la pitié d'un grand homme pour allumer les révolutions d'un peuple.

LXXXIV.

Je vois bien que la France, vibrante encore des grandes choses qu'elle a faites, peut avoir les premiers exécutants du monde. Mais ces voix qu'ils répandent dans l'air ne nous inspireront-elles pas le souffle de l'invention? Moi je voudrais l'évoquer, le reconnaître.

Il ne s'agit point de donner le sens de ces œuvres. Quelle entreprise folle de circonscrire, de limiter la vie et ce qu'il y a de plus fluide dans la vie, le souffle! Ce qu'il faut, c'est le respirer, en activer sa vie et créer avec, si l'on peut.

Ces grands artistes m'obligent à regarder vers l'avenir qui les continuera. Leur rayonnement éternel tend à animer incessamment de nouvelles âmes. Ce n'est point de contemplateurs, mais de continuateurs qu'ils ont besoin. Ce qu'il leur faut, c'est qu'on poursuive leur œuvre, c'est qu'on élève et qu'on récrée les foules sans aliment, qu'ils n'ont pas assez atteintes par eux-mêmes.

LXXXIV.

Les découvertes se créent, s'approfondissent l'une l'autre : ainsi la gravure qui avait servi aux arts du dessin, l'imprimerie aux lettres, sont venues rendre immortel cet art collectif, la musique. Le souffle de l'esprit a été fixé pour toujours et les tressaillements les plus mystérieux de l'âme d'un artiste seront transmis aux générations les plus lointaines. Le temps, les lieux sont supprimés par cet art d'union et de concorde volontaire.

Il faut ignorer absolument ces œuvres, pour nier la spiritualité des temps modernes. Les arts de l'esprit se créent chaque jour. Pourquoi ? Parce que les hommes en ont plus besoin.

Ce ne sont point seulement des jouissances individuelles qui se sont révélées dans ces arts, mais les voix encore inessayées qui atteindront tout un peuple sans distinction de classes ni de culture.

Ces masses, ces foules endormies qui sont en dehors de tout art individuel et volontaire, comment regarderont-elles le ciel, comment respireront-elles ? Par l'ensemble de plusieurs arts dont les moyens collectifs puissent répondre à d'aussi vastes instincts. Il faut à la foule, des statues triomphales, des fresques, soit sur murailles, soit sur verres, dans un édifice où les voix d'un peuple chanteraient des hymnes à la patrie ou à Dieu créateur.

L'individualité a eu beau faire pour s'approprier, pour confisquer les arts modernes, leurs instincts harmoniques l'ont toujours dépassée. Rembrandt n'a peint que pour des amateurs dans de petits tableaux de chambre; mais ses effets de lumière n'auront leur véritable signification que lorsqu'ils parleront à tous de tous, par exemple du héros, en réservant les droits, la part de la foule d'où il est sorti. Ainsi la musique d'ensemble, qui s'était renfermée dans un appartement entre deux ou trois personnes, s'est émancipée par la symphonie.

LXXXV.

Géricault fut le premier de nos artistes qui entra dans la voie d'un art héroïque, populaire. Il en avait le génie par son sentiment profond de la réalité. Mais il vécut dans un temps de ténèbres; et la lumière alla chez lui s'assombrissant du Chasseur au Cuirassier, au Naufrage. Le Cuirassier est une œuvre de désespoir (la plus historique, la plus magnanime du temps). — Les œuvres héroïques de l'avenir seront des œuvres d'espérance et de foi.

LXXXVI.

C'est aussi une histoire toute moderne que celle de la symphonie.

Elle fut l'agrandissement naturel de la musique de chambre. D'une seule personne, de deux, de trois, etc., Haydn, Mozart, Beethoven s'élevèrent jusqu'à l'orchestre, monde infini dans ses combinaisons.

Mais quelle que fut l'extension qu'ils donnèrent à la symphonie, ces maîtres gardèrent toujours précieusement la musique de chambre. Là seulement ils pouvaient tout dire, et dans le secret d'eux-mêmes. Ces œuvres retiennent ce qu'il y eut de plus intime chez ces hommes; et cet art qui conserve à la pensée ses routes les plus diverses, ses variations les plus légères, son abondance la plus complexe, laisse pénétrer les mystères d'une inspiration, où naît à chaque instant le germe de symphonies à venir, et où il se développe successivement jusqu'aux plus grands effets harmoniques.

Musique de chambre et symphonies doivent s'interpréter l'une par l'autre. Ce sont les deux faces légitimes d'âmes si bien ordonnées qu'elles arrivent à leur expansion la plus complète, par l'habitude de s'interroger sans cesse. Beethoven avait si bien le respect de ses impressions, même fugitives, qu'il écrivait ses pensées les plus secrètes. Mais ce que la parole ne pouvait rendre, il le confiait à la musique ; et des abîmes de sa solitude individuelle, il prenait l'essor jusqu'à la plus vaste harmonie qu'un homme puisse exprimer.

Les grands symphonistes ont trouvé et discipliné les richesses instrumentales : cependant elles ne se sont vraiment manifestées qu'après leur mort par la perfection des instruments modernes.

Quelles ressources qu'un tel orchestre ! Masses vibrantes, souffles d'esprit tout prêts pour celui qui aura la puissance.

LXXXVII.

. . . .

Non, vous n'êtes pas finies pour toujours, créations de l'art et de la lumière, merveilles de la peinture sur verre. Ce n'est point au moment où la chimie trouve des teintes plus solides et s'augmente d'une variété prodigieuse de reflets et de nuances inconnues; ce n'est point au moment où la loi d'harmonie entre les couleurs vient d'être trouvée, que les artistes n'offriraient plus de texte au jeu, à la fantaisie de nos nuages si mobiles, si diversement éclairés.

Sous notre ciel, la peinture sur verre ne peut périr.

Chacun de nous, l'automne, au soleil couchant, a vu dans les nuages les plus splendides effets de nos vitraux d'église. Si nos cathédrales ont reproduit les arceaux, les faisceaux de colonnes, les dômes, les clairières en perspective de nos grandes forêts du Nord; ce sont nos couchers de soleil qui donnèrent les modèles de la peinture sur verre.

C'est notre peinture architecturale, comme la fresque est nationale pour l'Italie. Si nous n'avons pas ce soleil qui tous les jours baigne uniformément les édifices des flots d'une chaude et pénétrante lumière; nous avons la magie du clair-obscur, les luttes, les jeux, les mélanges infiniment changeants de la lumière et de l'ombre: et, dans une harmonie toujours diverse, mais continue, les accidents brusques, rapides, d'un ciel moins pur, mais plus animé; mieux en rapport avec notre nature humaine, presque toujours voilée, agitée, traversée d'inquiétude et d'espérance.

Le moyen âge a trouvé pour les saints de ses légendes ces mosaïques d'une harmonie si étrange que nous les regardons encore aujourd'hui avec saisissement.

N'avons-nous point, nous aussi, nos saints,

nos martyrs et nos empereurs ? C'est pour les images de nos grands hommes, les fils aînés de la lumière, qu'ils retrouveront, ces vitraux, leur splendeur perdue, leurs scintillations, leurs radiations mystérieuses. Qu'ils s'élèvent donc, les édifices de l'avenir, plus vastes que nos cathédrales, et dont les grandes croisées ne contiennent plus seulement la famille d'un empereur, mais les glorieuses légendes de ces hommes magnanimes qui se dévouèrent de leur sang, de leur travail, de leur génie, qui inventèrent, qui moururent pour la patrie. Que le ciel se charge de ressusciter leurs visages, d'animer leurs regards; que de leurs figures illuminées et des feux du soleil, et du recueillement des foules, l'étincelle jaillisse, qui doue de jeunes âmes et les embrase de l'amour éternel.

C'est du concert des traditions, des aspirations de tout un peuple, que se construiront ces symphonies nationales dont jouera la lumière : musique toujours visible et diversement parlante à chaque homme comme aux plus grandes foules.

LXXXVIII.

Je reprenais ce que je disais l'autre jour sur la représentation du héros. Je me figurais un de ces édifices de l'avenir où la peinture, dans ses manifestations diverses, élèverait un grand homme de la réalité de l'histoire jusqu'à l'apothéose.

Ainsi la peinture à l'huile, presque de plain-pied avec le spectateur représenterait le grand homme futur dans son humble naissance, dans ses pénibles commencements. Une suite de portraits faits à ses différents âges témoignerait des conquêtes qu'il dut à la volonté, à la persévérance.

Plus haut, dans des dimensions plus grandioses, la fresque, avec ses libertés et l'audace de ses mouvements, reproduirait l'action du héros, au milieu des foules, soit qu'il les conduise à la victoire, soit qu'il les entraîne par la parole.

Enfin, dans les croisées supérieures, la peinture sur verre donnerait l'apothéose. Mieux qu'aucune autre peinture, elle peut impressionner l'imagination des hommes instinctifs par ces coups de lumière qui, seuls, redisent ces moments rapides, sublimes, de l'inspiration, du sacrifice, d'une mort héroïque. .

Ascension visible où un homme (caractérisé, à son point de départ, dans sa race, dans sa figure, dans sa nationalité) s'élèverait, par le grand cœur, jusqu'à se dégager dans le ciel des conditions individuelles, et influer sur tous. — Œuvre de foi que cette vie d'un homme qui arrive à dépouiller dans la lumière les imperfections de la nature humaine.

Que nous avons besoin de ces spectacles ! Au moins, si nous ne devons pas les voir, par notre ardent désir rendons-les possibles pour les générations qui viennent.

LXXXIX.

Quel est l'art de la France? l'art de la société. Voici pourquoi le théâtre a eu et aura de si grandes destinées en France.

L'art vraiment populaire, c'est l'art dramatique. Il n'y a là aucune des abstractions qui font les obstacles et les limites des autres arts. Tout y arrive vivant, chaud, spontané, par la parole, le geste, le regard, à des hommes réunis ensemble pour se voir, s'entendre dans d'autres hommes.

Je ne suis jamais entré au théâtre sans émotion. C'est là qu'aboutissent tous les arts, la musique comme les arts du dessin. Voyez l'œuvre de Rembrandt et de Claude Lorrain, à chaque instant vous êtes surpris qu'ils atteignent, dans ce cadre étroit, les plus grands effets scéniques.

Pourquoi ces arts nouveaux et déjà si perfectionnés, le Diorama, le Panorama? Pourquoi ces décors qui rivalisent avec les rêves de l'imagination, cette mise en scène dont la magnificence n'a jamais été égalée? Pourquoi ces développements de l'orchestre, ces prestiges de la danse?

C'est pour un nouveau théâtre, où le poëte réunissant toutes ces conquêtes de l'homme, offrira, par l'ensemble de leurs merveilles, un enseignement public, national, je dirai plus, l'expression la plus complète du génie humain.

Véritables monuments d'alliance, où toutes les classes, tous les temps, tous les peuples viendront concourir. — Moments de grand bonheur qu'aura un homme de se relever, de se réjouir, de s'exalter par ce que lui feront éprouver d'autres hommes.

J'ai toujours pensé que la société meilleure que nous rêvons devait s'essayer au théâtre, avant d'entrer dans la réalité.

Et s'il est vrai que dans l'histoire du théâtre

on peut suivre toutes les phases des sociétés, j'ai l'espérance qu'il nous donnera le premier la bonne nouvelle de notre régénération sociale.

XC.

Dans les arts, dans les sciences, dans l'industrie, tous les instruments sont trouvés d'une société dont rien dans le passé ne peut donner l'idée. Ils attendent.

C'est aux hommes qui reconnaissent en eux-mêmes que le monde entre enfin dans les voies de la justice et de la lumière, qu'il appartient de pressentir quelles œuvres de vie pourront en sortir.

XCI.

Beethoven ne s'est jamais décidé à rien sacrifier de lui-même. Voici pourquoi il a trouvé l'harmonie.

C'est la fatalité de son temps qui l'a contraint à n'être qu'un musicien : mais son cœur a toujours protesté contre ce sacrifice des puissances humaines. Une action à distance, indirecte comme celle de sa musique ne lui suffisait pas ; il aurait voulu agir directement dans la plénitude de lui-même. Privé de l'expansion qu'aurait un homme dans une société libre, il a gardé tout pour son art. Ses œuvres en sont devenues si humaines, qu'elles dépassent la nationalité, et qu'elles évoquent en tous ceux qui écoutent, une action individuelle.

Les Allemands y entendent leur rêve; les Français la réalité. — Différence légitime, profonde entre ces deux nations.

Il n'y a que le mariage des deux peuples dans les œuvres de cet homme de génie qui puisse donner tout le sens et la portée de cette musique.

Génie tout humain, Beethoven souffrit de n'avoir point de société, et il s'en créa une en lui-même qui servira de modèle à la société des hommes; car il resta entier dans son art, et il y garda si bien l'intention d'agir, que cette société idéale devient de plus en plus réalisable.

Il nous a appris quelle peut être l'unité de l'âme dans les temps modernes; de combien de voix différentes et concordantes elle dispose; et comment par la discipline et l'économie qu'il mit dans ce monde intérieur, il fit ces grandes œuvres harmoniques, images d'une société future.

XCII.

Qui reprendra Beethoven ? Mystère sacré de la Providence qu'on ne peut prévoir.

Sans doute, en ce moment, témoin obscur, recueillant, dans le silence, tous les souffles du monde qui deviennent ses instincts, un homme (ou plusieurs hommes) se crée librement une langue, un art nouveau qui n'est point analogue avec l'art de Beethoven qu'il continue.

Quel spectacle que celui de cette génération de la pensée humaine qui se transmet, qui se manifeste par des alternatives si diverses mais si logiques, quand on peut les suivre ! Quel sujet de méditations religieuses pour ceux qui donneront la loi, le mouvement successif de ce que je ne fais qu'entrevoir !

XCIII.

Je ne voudrais pas mourir en ce moment : et cependant, quand je me sens si faible, je crains de ne pouvoir réaliser. Que je me sens de choses à dire ! Qu'une destinée individuelle est légitime, irréparable ! Je plains et je comprends ces jeunes hommes dont la destinée a été tranchée si vite, qui ont vécu si peu, qui, entrés dans la production, l'ont eue si courte, lorsqu'ils avaient tant besoin de vivre.

Mozart lui-même ne disait-il pas sur son lit de mort : Je sens que j'allais enfin écrire avec mon cœur.., — Et cependant tous ses tâtonnements, tous ses essais qu'il jugeait indignes, nous semblent la voix la plus pure, la plus sincère du cœur de l'homme. Tant il est vrai que l'art n'est que pressentiments, qu'aspirations : l'artiste n'a pas lui-même conscience de ce qu'il crée, et il n'est jamais si artiste, c'est-à-dire homme si universel, que lorsqu'il désire toujours plus.

On a mis la perfection, dans le repos, dans le calme : c'est dans l'inquiétude, dans l'action qu'est la vérité de l'homme. Le reste n'est pas. Les artistes n'ont jamais été si grands que lorsqu'ils ont voulu toujours davantage.

Qu'est-ce que l'artiste? C'est l'homme inquiet par excellence. Il n'a pas plutôt conçu son œuvre qu'il veut la réaliser. « Mon œuvre sera-t-elle identique à ma pensée? » se dit-il avec anxiété, jusqu'à ce qu'il l'ait faite. Et quand il l'a visible, en face de lui, lorsqu'il la reconnaît : « Les autres la reconnaitront-ils? Vivra-t-elle? » Alors il la produit au public; mais déjà au moment où il la quitte, cette œuvre n'est plus assez pour lui-même, et il se replonge dans une recherche nouvelle.

Ainsi, pour le véritable artiste, la vie est une succession continue, incessante de créations, par lesquelles il veut arriver à se créer, à s'exprimer lui-même. Et quand il conquiert sa langue, lorsqu'il obtient sa forme, alors il meurt, car il dépasse souvent l'humanité, et il va continuer dans un autre monde cette vie toujours croissante.

L'homme n'est pas destiné à vivre pour lui seul. S'il a vécu obscur, il meurt pour faire place à des générations plus intelligentes, plus actives; s'il a créé, il meurt juste au moment où son œuvre pourra être reprise, continuée par d'autres hommes, et faire parmi eux son chemin le plus fécond. Nous partons toujours du point de vue tout individuel de la crainte de la mort, comme si la société n'était pas le but de notre vie en ce monde. D'ailleurs ne sommes-nous pas toujours dans les mains de la Providence?

XCIV.

Quand je suis si ému, rien que de lire la vie de ces grands musiciens, d'en entendre parler par intermédiaire, que serait-ce si je pouvais les connaître en eux-mêmes, entendre et réentendre leurs œuvres, autant que mon cœur le voudrait ! Au moins, je veux en parler avec le souffle que j'en reçois, dans un accent si sincère, que tous y recourent, s'y abreuvent comme je ne le puis moi-même. Cette impuissance où je suis de les connaître doit me décider à dire ce que j'en entrevois : que ceux qui viendront après moi, persuadés par mes paroles, soulèvent ces obstacles.

Plus cette entreprise est difficile, plus elle me tente. Je n'ai soif que d'apprendre, de connaître, et j'ignore. C'est la fatalité de mon temps, de la société où je vis, mais non celle de mon âme qui se reconnaît dans celle de ces grands hommes.

Entreprise audacieuse, mais qui me plaît, de me supposer toutes ces œuvres connues, de faire comme si je les avais appréciées, comprises, d'en partir pour parler de la société future, de l'art à venir. Puisque j'y suis si sensible, n'est-ce point comme si je les avais entendues? D'ailleurs, je n'enseignerai que mieux par là que toute âme peut se passer du monde, qu'elle le contient. Il faut que ceux qui n'ont point eu mes circonstances favorables se sentent toute indépendance.

Le monde n'avancera, ne sortira de la routine que par l'audace d'une âme ardente de charité.

XCV.

Que mettre à la place des anciennes légendes qui sont restées si longtemps la seule nourriture du peuple, parce qu'elles le récréaient de leurs récits merveilleux, et saisissaient son imagination en ne lui laissant d'espérance que par un miracle?

D'autres légendes aussi merveilleuses, mais merveilleusement vraies, qui lui parlent incessamment de lui-même placé dans un monde possible, dans des circonstances ou moins heureuses ou égales à celles où il est aujourd'hui. Il faut lui raconter ces vies d'artistes, qui de la foule se sont élevés à la plus haute individualité, qui ont trouvé des voix nouvelles pour le genre humain, dépassant la culture de tous les siècles antérieurs.

Il n'y a qu'à raconter la vie de quelques hommes des temps modernes pour donner suite à la légende des saints.

Il faut rendre au peuple les artistes sortis du peuple, et ce sont les plus grands : mais en y mêlant aussi, par un sentiment de justice, ceux qui sont sortis des classes plus favorisées par la naissance, il faut l'habituer à respecter ces classes, à les aimer, puisqu'elles sont fécondes en bienfaiteurs du genre humain.

Le peuple veut des histoires vraies. Elles le seront ces biographies, par ce meilleur sentiment de la justice. Il ne souffre pas qu'on lui parle de lui, il n'écoute que s'il se retrouve plus beau, meilleur, plus heureux; et il a bien raison, car son aspiration, sa nature est de monter, de devenir. Il se reconnaîtra dans ces hommes que l'artiste transfigurera par sa sympathie personnelle, ne les comprenant que comme ils étaient réellement, dans l'essence de leur être qui est de croître toujours.

Il ne s'agit plus de représenter les laideurs du peuple pour troubler l'imagination des classes supérieures. Il faut peindre l'élan, la patience, la douceur des grands hommes sortis du peuple, que le peuple s'y aime, qu'il veuille toujours être peuple.

Dans la biographie lumineuse des hommes de génie, qu'elle soit poëme, fresque, statue ou drame, chacun se reconnaîtra. Tout homme se dira, quand on ressuscitera ces héros de l'esprit qui contiennent tant d'hommes : Moi aussi je suis pauvre, abandonné comme fut cet homme; mais je lutte comme lui, et ce n'est point en vain, car cet homme n'a souffert, n'a lutté que pour produire, que pour acheter sa gloire.

La flamme s'allume à la flamme, il ne faut qu'une étincelle de vie morale pour évoquer les âmes généreuses qui dorment et s'ignorent dans le peuple. Une telle œuvre vraiment sortie du cœur peut faire aujourd'hui des miracles.

Nous avons un texte inépuisable, la vie des grands inventeurs. Par la reconnaissance que leurs œuvres nous inspirent, rendons-les au peuple, et ils seront continués.

XCVI.

Tant qu'on restera dans les explications purement individuelles, la grandeur de ces vies d'artistes restera inconnue, l'intelligence en sera impossible. C'est la flamme d'un monde qu'ils portaient en eux, et ils ne se sont dévorés par un travail si intense qu'afin de satisfaire les besoins des autres hommes si longtemps ajournés. Aussi, quels qu'aient été les dédains, les entraves, la misère, ils arrivèrent. Ils auraient traversé bien plus encore. Comment étouffer le génie d'un homme qui est à lui seul une légion d'hommes?

La biographie doit changer maintenant. Ce n'est plus la vie d'un seul homme, de sa naissance à sa mort, qu'il importe d'écrire, il faut prendre cet homme dans l'ensemble des hommes qui l'ont préparé et de ceux qui, le continuant, le complétant, ont été vraiment lui-même. Si je voulais écrire la vie de Masaccio, je commencerais par Paolo Uccello qui lui ouvrit les voies en consumant sa vie dans les recherches les plus ardues de la perspective. Puis arrivant à Masaccio, je verrais bientôt que ce jeune homme, qui meurt à vingt-huit ans, n'est lui-même qu'un commencement. Pourquoi cette mélancolie, cette humeur rêveuse, cette distraction, cette absence de prévoyance qui l'empêchait de songer aux choses de ce monde? c'est qu'il rêvait une forme plus libre et plus large, c'est qu'il aspirait à une réalisation plus heureuse de tout ce qui lui flottait dans l'esprit.—A peine Masaccio a-t-il achevé de peindre la chapelle *del Carmine* à Florence, un petit novice âgé de douze ans passe toutes ses journées devant ses fresques, et se pénètre si bien de sa manière, que l'âme de Masaccio, disait-on, était entrée dans le corps de cet enfant. Fra Filippo Lippi devient homme, il quitte le cloître, et dans une vie agitée, pleine d'aventures, tout opposée à la reclusion solitaire de Masaccio, il le complète et opère une révolution, en substituant aux fonds d'architecture que Masaccio peignait dans tous ses tableaux, des sites champêtres. Il fut le premier paysagiste de l'école florentine. Mais il lui manquait l'austérité, il n'avait pas l'universalité, caractère des grands artistes de la renaissance. Alors arrivent Michel-Ange, Léonard de Vinci, Raphaël, qui étudient aussi dans la chapelle *del Carmine*. Ils donnent à Masaccio sa gloire.

Il faudrait ainsi relier toutes ces vies. Isolées, elles n'excitent que peu d'intérêt, n'apprennent presque rien. Mais qui ne se passionnerait de suivre ce développement d'une vie obscure, qui arrive peu à peu à la lumière et dans l'âme d'un homme de génie atteint sa vraie puissance ?

Nous en sommes tous là : nous commençons ou plutôt nous augmentons une force qui toujours croîtra, jusqu'à ce qu'elle trouve un homme capable d'en remuer le monde. Heureux celui qui comme vous, grands hommes, contient en lui tant de destinées qui sont passées ou qui passent inconnues. Vous parlez et nous parlons en vous, et chacune de vos paroles enfante ceux qui la reçoivent à une vie plus libre et plus haute.

XCVII.

Il est d'autres hommes qui, par des routes moins observées, paraissent ne devoir presque rien à la tradition. Sortant du milieu du peuple, ils en ont les vertus ignorées, ils en gardent l'obscurité, et dans tout ce qu'ils font rayonne une flamme qui vient du cœur. Trésors d'amour, de chaude tendresse qui se trouvent surtout dans les couches profondes de la société, chez des hommes d'une existence modeste, souvent nécessiteuse, retenus, conservés par une vie de travail en famille.

Ce ne sont point seulement quelques artistes, si rares : que d'hommes aussi doués ont vécu et vivent près de nous, qui dans la voix, dans le regard ont cette vertu mystérieuse qui réjouit et réchauffe.

Ce n'est point un miracle, c'est la nature

divine de l'homme qui se révèle : *Et vidit Deus quia bonum est.*

XCVIII.

Dans ces légendes qui seront les livres populaires et qui feront les artistes populaires, je placerais la vie du Corrège, un de ces hommes, aujourd'hui acceptés de tous, et qui représente si bien les droits de l'instinct. Ses contemporains ne nous ont rien transmis sur lui, mais son histoire s'éclaire par mille destinées laborieuses, obscures, pleines d'œuvres et de sacrifices comme fut la sienne.

Il eut plus que tout autre la chaleur, le frémissement de l'âme, dans le don tout instinctif, tout spontané de la couleur et dans sa vie misérable, il eut le bonheur d'augmenter le cœur de ceux qui regardent ses œuvres.

Uniquement occupé de la subsistance de sa famille, il exerçait son art aux dépens de sa santé, au milieu de fatigues continuelles. Sa bonté le faisait agir ainsi, car il s'affectait outre mesure des maux de ceux qui l'entouraient. Très-timide, très-mélancolique, il se rendait esclave de ses travaux : il ne croyait jamais avoir atteint la perfection qu'il désirait dans l'art, et qu'il sentait dans la nature. Cet homme simple en avait une perception si pénétrante, qu'il vit dans la lumière ce que personne n'exprima comme lui.

Un grand naturaliste, M. de Humboldt, a dit ce mot profond : « Il n'y a que les âmes passionnées et contemplatives qui sachent interpréter la nature. » Qui dira combien le Corrège aimait les bois, la campagne, les accidents variés de la lumière, lui qui a peint tout cela avec cette abondance, ce charme, ce souffle ? Dans ses tableaux tout respire, tout vit, tout aime.

Il s'ignorait lui-même, comme tous les

grands cœurs dont l'abnégation est en proportion de leur intelligence.

Qui l'aurait instruit de son génie? Il menait une vie fort retirée, fort laborieuse, n'ayant d'autre amitié que celle d'un médecin de Parme, Francesco Grillenzoni, dont il nous a laissé un admirable portrait, et pour lequel il fit le tableau du mariage mystique de sainte Catherine, voulant sans doute le remercier des leçons d'anatomie qu'il lui avait données.

Le Corrège fut si peu connu, si peu célèbre de son vivant, qu'il n'éprouva que du dégoût des travaux dont on le chargea à Parme. Il ne put même achever la tribune de la cathédrale, à cause de l'exigence des moines qui l'occupaient.

Il mit, comme tant d'autres, la sérénité de son âme dans ses tableaux et eut la misère dans sa vie. Il fut traité durement comme Galilée, comme Christophe Colomb, comme le Camoens. Il fut peut-être plus malheureux qu'eux, car il fut plus sensible qu'homme au monde. Mais il eut en compensation le bonheur le plus grand que je puisse concevoir, celui de pouvoir exprimer tout ce qu'il voyait, et il ne voyait qu'en aimant.

L'impression que l'on éprouve devant les œuvres du Corrège, c'est de partager celle qu'il a eue et qu'il voulut exprimer. Vasari, imbu des doctrines florentines, rapporte que devant un tableau du Corrège, il ne put s'empêcher de sourire, contraint en quelque sorte par un petit enfant qui tient un livre à la main, et qui sourit si naturellement, qu'il égaye ceux qui le regardent. De là les surnoms d'Allegri, de Lieti, qui lui furent donnés par ses compatriotes.

Et c'est au moment où il allait mourir de fatigue et d'épuisement pour épargner quelque argent à sa famille, qu'il achève l'Assomption de la Vierge. Ce chef-d'œuvre a péri, mais qu'on voie les gravures. C'est un hosannah, c'est un ravissement de tous les saints, pauvres paysans aux traits accentués, à la face ravagée par le travail, par les privations, mais dont le regard s'illumine d'un éclair moral, à la splendeur ineffable qui tombe de la Vierge placée au haut de la coupole.

Qu'on voie surtout ces enfants, ces anges qui jouent dans les nuages. Quelle tendresse d'âme! Il y a toute l'ampleur du sentiment maternel et une grâce et une ferveur qui n'est qu'à lui.

On rapporte qu'il s'arrêtait dans les promenades où il voyait jouer des enfants de trois à six ans. Il étudiait sur la nature leurs petits mouvements, leur joie, leur colère, leur alacrité, et cette sorte d'ivresse à laquelle ils se livrent dans leurs jeux.

Nos deux tableaux du Louvre, deux chefs-d'œuvre, ne donnent pas l'idée de la candeur inimitable du Corrège, lorsqu'il peint les jeunes filles et les enfants. Lui seul a pu représenter l'intensité de vie que donne l'exubérance des forces, dans un âge où les membres sont à peine formés.

De tous les peintres, le Corrège eut l'influence la plus féconde. Inconnu pendant le seizième siècle, il donna à l'Italie la renaissance du dix-septième siècle.

Pourquoi cette fécondité? Parce qu'il fut le plus tendre, le plus naïf, le plus vrai. Il ne divisa pas, comme les autres, son inspiration, mettant d'un côté la couleur, de l'autre le dessin. Il peignait les objets tels que les lui offrait la lumière.

Qui donnera le secret de ce regard, de cette flamme vivante qui circule à jamais dans cette toile, qui l'anime de plus en plus? Il n'y a point de critique avec le Corrège, il fait aimer davantage. Rien chez lui n'est de convention. Pourquoi? parce qu'il étudia la nature dans la nature, comme Claude Lorrain qui représenta, lui aussi, l'insaisissable.

Qui expliquera le passage de ces demi-teintes, la tendresse de ces lueurs? — Tout cela chez lui, ne s'est pas fait par système, mais par la surabondance du cœur. C'est là que l'on sent combien l'art vient du trop-plein.

Pour expliquer le Corrège, il ne faut pas recourir à la tradition, à l'accumulation des écoles, à l'antique. — Il n'est point de la savante Italie de Raphaël; ce n'est point un philosophe austère comme Michel-Ange qui se retire du monde pour le juger. — C'est un homme du peuple, qui met dans son art toute l'effusion de son âme, et il se trouve que tous y sont, tous les temps, tous les lieux. Plus nous allons, plus ses tableaux s'échauffent, car en eux est la jeunesse, la chaleur éternelle.

Le Corrège aimait son art, cela suffit pour expliquer comment, dans une vie si courte, il fit ses prodigieuses études, comment il inventa les raccourcis étonnants du dôme de Parme. Il aima, tout lui fut facile; il eut la hardiesse et l'audace de la grâce.

Je le vois mieux que jamais, les natures les plus fertiles en miracles, ce sont les natures du peuple. Elles sont entières. Seulement, il faut qu'elles ne soient pas envieuses. Et le Corrége ne l'était pas. Le tableau de la sainte Cécile de Raphaël lui inspira ce mot de modestie sublime : *Anch' io son pittor.* « Et moi aussi je suis peintre. »

Si les contemporains du Corrége n'ont presque rien su de lui, chaque siècle en a su davantage. Mais on ne comprend son histoire que par le respect des hommes d'instinct.

XCIX.

Si j'étends ces légendes nouvelles aux musiciens, dans quel monde mystérieux, enchanté, vais-je entrer ! Haydn et Mozart, nés tous deux à la frontière de Hongrie et de Bohême, dans ce pays si riche en légendes populaires, en ont recueilli les souffles. C'est là que l'on sent combien ces individus sont les organes d'un monde. La musique allemande est fille des chants populaires, disait devant moi M. de Humboldt. Cela est vrai, surtout pour l'Allemagne orientale.

Quelle biographie émue que celle de Mozart! Fils d'un pauvre musicien, il fut si précoce parce qu'il naquit doué d'avance. Quelle féerie pour l'imagination de cet enfant, de visiter toutes les cours d'Europe, applaudi, choyé pour ce trésor qu'il avait reçu de Dieu! Quel ravissement de voir toutes ces princesses, d'approcher ces hommes si spirituels, si célèbres qu'il charmait! Puis, à quinze ans, de parcourir l'Italie, chanté par les poëtes, proclamé par les plus illustres compositeurs, comme le premier maître, accueilli avec tant d'enthousiasme que la population milanaise, à la représentation de *Mithridate*, s'écriait transportée: *evviva il maestrino!*

C'était trop de ces triomphes, il suffisait pour brûler une âme comme la sienne de voir ce pays, ce soleil...

De retour en Allemagne, il erre plusieurs

années, sans qu'on veuille lui accorder une place de maître de chapelle. Et cependant, il disait à l'électeur de Bavière : « Je brûle d'écrire depuis que j'ai entendu de la musique vocale allemande. »

Il revient à Paris. — Mais abandonné, méconnu, sans ressources, il y voit mourir sa mère dans le dénuement...

De ces épreuves, de ces humiliations, de ces retards, son cœur fut brisé, mais ouvert; il en mourut, mais avant il voulut donner les trésors d'une inspiration que peuvent seuls expliquer sa naissance populaire et cette culture exceptionnelle.

On conçoit dès lors ce besoin qu'il eut de se donner, ardeur des sens, libéralité, fièvre de travail...

Quelle âme aimante, mais si comprimée, si éprouvée par la Providence, que tout ce qu'elle contenait d'amour s'épancha dans sa musique! — De là aussi ce génie dramatique, ces notes du *Don Juan* si passionnées que les chanteuses italiennes ne pouvaient les chanter.

Souvent, dans ses dernières œuvres, au milieu des chants les plus gracieux, le ton change, des accents profonds, d'un timbre grave, lui échappent, comme si même dans la ferveur de l'inspiration, lui revenait la pensée de la mort.

Sa voix n'en est que plus secourable : plus il a souffert, plus elle devient tendre, pénétrante. Il tire de sa précocité, du malheur, de la maladie, une huile, une essence qui alimente, active la flamme de son génie, jusqu'à ce qu'elle ait tout dévoré.

C.

L'originalité d'Haydn fut d'être un simple. Il avait une âme si pure que sa transparence se communique à toutes ses œuvres. Il resta toujours l'enfant de chœur, enrégimenté dans cet empire, qu'il ne songea jamais à regarder avec sa conscience d'homme libre. Sa candeur l'empêcha de s'apercevoir et de souffrir de la société où il vivait.—Il accepta les règles, comme il accepta la destinée de son pays. Ne songeant qu'à composer, travaillant uniformément cinq heures chaque matin, il vécut paisible, conservé par le travail. C'est un homme charmant et bien naïf. Il n'eut pas l'immensité de Beethoven, mais une exquise élégance, et il rendit dans une limpidité, qu'ont seules les âmes innocentes, les nuances que l'on atteint en poursuivant pendant toute une vie une même étude.

L'inspiration fut le plus grand bonheur, la plus grande récompense que Dieu pût lui accorder; jamais il ne se mettait à son piano sans faire sa prière.

Tout chez lui se passe en dehors du monde, dans une admirable sérénité.

Nous voyons dans Haydn toute l'excellence

de ces artistes, précurseurs de l'âge humain qu'ouvre Beethoven !

CI.

Mozart complète Haydn. Tous deux font pressentir Beethoven qui fut vraiment un homme moderne.

Héros qu'aucune ambition mortelle ne pouvait satisfaire, il va reprendre les inquiétudes, les audaces des hommes d'action (***Prométhée, Coriolan, Egmont;*** il voulut appeler la ***symphonie héroïque, Bonaparte***), et dans les agitations de son âme, il rencontre des accords prophétiques qui inspirent l'héroïsme, c'est-à-dire l'affranchissement du monde insuffisant, où ces hommes vécurent, où il vit lui-même.

Dans sa musique, il versa ce qui montait en lui par torrents, la séve d'un homme qui ne pouvant être heureux, reste pur et fort. Il vous déconcerte souvent par son allure brusque, heurtée, impétueuse, mais il rassure par sa substance, par sa plénitude. Il se sent si fort qu'il devient doux, et toujours il se contient pour mesurer, arrêter ou augmenter l'élan de son cœur au besoin de son génie. Aussi comme il est maître en lui, sa douceur conserve la flamme, mais la flamme lumineuse d'un monde vrai.

Rien n'est plus vrai que le chant de Beethoven. C'est le chant de vie, la voix de vérité, voix infaillible qui créera un monde et fera crouler le monde faux. Trésors de vérités éter nelles qui ne se découvrent qu'aux hommes sincères.

Né du peuple, le peuple chante en lui, quoiqu'il soit inconnu du peuple. Génie insociable pour les hommes au milieu desquels il vivait, il trouve dans les tempêtes qui naissent de son amour malheureux, de la souffrance de son infirmité physique, de l'injustice sociale qui l'entoure, les harmonies d'un monde plus vrai qui n'est pas encore.

Sa voix est comme la trompette qui fit tomber les murs de Jéricho; elle ébranle les citadelles et les bastilles, cette musique, qui dans tout cœur d'homme réveille l'instinct des dévouements héroïques.

CII.

J'écrivais que par un sentiment de justice, je donnerais aussi la légitimité des artistes plus favorisés par la naissance, qui ont trouvé aussi les voix profondes du cœur de l'homme. Weber est un de ces rares artistes, qui fut original sans être du peuple.

Né de parents riches, il fut élevé à part, loin des enfants de son âge; il passa sa jeunesse dans la retraite, à la campagne, ne voyant que quelques hommes d'élite.

Mais il n'en vibra que plus aux chants de a

seule nourrice, la nature. Ce fut sa société principale dans son enfance et sa jeunesse solitaires.

Il n'eut point le froissement des hommes, la discipline de l'éducation commune qui aurait étouffé ses instincts infinis. Recueillant avidement les bruits de la nature, il donna ces voix aux vagues tristesses d'une âme inquiète, souffrante des désirs qu'elle ne pouvait satisfaire.

Ainsi, dans le quatuor que j'entendais hier soir, il me semblait le voir seul vis-à-vis de lui-même, suivant son inspiration toute personnelle. Son accent avait quelque chose d'étrange, comme la voix de ces esprits, qui ne sont ni dieux, ni hommes, qui errent insociables entre la terre et le ciel; esprits des éléments qui, lorsqu'ils descendent dans le cœur d'un homme, expriment les aspirations, les tristesses de notre âme qui n'est ni de la terre ni du ciel.

Par ce caractère excentrique de son génie,

il n'en fut que mieux l'organe de la nationalité allemande restée plus qu'aucune autre en rapport avec la nature : peuple-enfant que bercent toujours dans l'oppression les sons merveilleux du cor enchanté qu'il entend dans les grandes forêts des légendes populaires.

L'Allemagne envahie révéla à Weber son génie. Elle lui inspira les chants de 1813. Fils des chants populaires, il en fut le continuateur.

Weber est excessif et bizarre, parce qu'il est faible et nerveux ; ses perceptions sont si subtiles que ses idées, comme des fils trop ténus, souvent se nouent ou se brisent. Mais quelle exquise sensibilité ! Sa nature était si sympathique, si vibrante, que sa musique exprime la solidarité universelle qui existe entre tout ce qui vit.

Ce qu'il y a de dramatique dans ses œuvres, c'est l'accent ; charme de rêverie voilée qui n'est point la reproduction servile des bruits de la nature, mais qui leur emprunte une tonalité singulière qui rend ces bruits comme les recevait cette âme malade de solitude.

S'il n'est pas assis dans les sentiments humains, comme Mozart et Beethoven, il donna les voix inassociées de l'âme moderne en face de la nature qui est aussi une société, une harmonie. C'est ce caractère étrange qui a pris ceux mêmes qui n'ont pas cherché à pénétrer le sens de sa musique.

CIII.

J'aurais surtout à cœur, dans ces légendes, de reproduire les témoignages que ces grands hommes portèrent l'un de l'autre. Ils se donnèrent la main, et ils s'avancent à nous comme une société d'amis qui nous invitent à entrer dans leur glorieuse amitié.

Je rassemblais ce que je sais de ces témoignages.

Ainsi Michel-Ange, le dernier grand homme de la Renaissance, dit le Dante qui l'avait commencée :

« Que n'ai-je été tel !... Pour son dur exil avec sa vertu, je donnerais la plus heureuse vie du monde. »

Ainsi Milton fit cette épitaphe à Shakspeare :

« Qu'a besoin mon Shakspeare pour ses os vénérés, que tout un siècle s'épuise à entasser des pierres, ou que ses restes consacrés soient cachés sous une pyramide à pointe étoilée ? Fils chéri de la mémoire, grand héritier de la renommée, que te sert un si faible témoignage de ton nom, toi qui t'es bâti dans notre étonnement, dans notre admiration, un monument de longue vie... ; tu reposes enseveli dans une telle pompe, que les rois, pour un pareil tombeau, souhaiteraient mourir. »

Ainsi un martyr, le Tasse, parla d'un autre martyr. le Camoëns, alors presque ignoré :

« Vasco... Le bon Louis déploie tellement son vol glorieux, que tes vaisseaux éprouvés ne purent aller si loin. »

L'Arioste et le Titien qui s'inspirèrent l'un l'autre nous restent, l'Arioste par le pinceau du peintre, le Titien par les vers du poëte.

L'âme du Corrége se revèle dans ce cri qui lui échappe devant la sainte Cécile de Raphaël. Cet homme si modeste eut besoin de se dire : « Et moi aussi je suis peintre. »

« Léonard de Vinci, écrit Rubens, par la force de son imagination, aussi bien que par la solidité de son jugement, élevait les choses divines par les humaines. »

Et dans notre France, Racine, La Fontaine, Molière, se sont abreuvés dans le vaste sein de Rabelais. Il fut leur père, cet homme immense qui attend encore son biographe.

Enfin, pour la première fois, j'introduirais les Musiciens dans ce concert des Poëtes et des Peintres.

Beethoven, admirateur passionné de Mozart, se forma sur ses compositions, comme un homme de génie étudie un autre homme de génie. Il n'avait pas oublié la prophétie de Mozart : « Écoutez ce jeune homme, il fera parler de lui dans le monde. »

Mozart lui-même n'avait-il pas été sacré par Haydn ? Lorsque le père de Mozart pria Haydn de lui dire avec sincérité ce qu'il pensait du mérite de son fils : « Sur mon honneur, et devant Dieu, je vous déclare que votre fils est le premier compositeur de nos jours. »

Combien tous trois ils furent respectueux, reconnaissants envers leurs devanciers. Mozart et Beethoven s'unirent dans leur vénération pour Sébastien Bach et Handel, et jusqu'à sa mort Beethoven eut un culte pour ces fondateurs de la musique moderne.

Frères pendant leur vie, tous ces artistes restent inséparables dans la postérité. Ils furent les plus grands et les meilleurs des hommes.

CIV.

Je n'ai rien entendu de plus chrétien que l'*Ave verum* de Mozart; mais c'est le christianisme des légendes allemandes, à l'enfance des âges modernes.

J'en pressens tout l'effet dans une cathédrale au matin. Je me figure entendre au bas de la nef, caché derrière un pilier, ce chant virginal. Quel ménagement, quelle douceur, quelle pureté dans l'adoration, dans la reconnaissance!...

C'est dans la musique religieuse que l'âme exprime ses effusions les plus secrètes, dans ces moments sacrés, si rares, si solitaires, où elle se sent nager au milieu des mystères sublimes de la création, sans les comprendre; où elle s'incline devant la cause inconnue, l'adore et la prie de lui révéler par inspiration ce qu'elle ne peut connaître.

CV.

Quelle belle histoire ce serait à écrire que celle de l'homme cherchant l'harmonie !

De montrer ces grands hommes italiens du quinzième siècle s'efforçant, autant que le comportaient les limites individuelles, de réunir tout art, toute science, théorie et pratique, dialectique et morale. Moments de joie virile pour l'homme de revenir à l'antiquité, à la nature, avec l'approfondissement d'une âme chrétienne.

Puis dans le Nord, en Allemagne, l'homme plus libre de la tradition antique cherchant à s'harmoniser avec les voix intérieures qu'il prend pour les voix célestes : l'organiste à son orgue rêvant qu'il évoque les anges, et sur ce fleuve sonore où il s'abandonne, éveillant les esprits, les instincts obscurs de l'âme moderne, jusqu'à ce que vienne Beethoven qui les domine de sa passion.

CVI.

. . . .

Le final de la *Symphonie en ut mineur* est une des plus grandes œuvres humaines. C'est l'épanouissement de l'homme moderne dans le vrai, dans la victoire. Cette œuvre triomphale a vengé des siècles d'équivoque. Plus de voiles, plus de masques, la tyrannie est vaincue, voici la victoire du libre esprit, la colonne de feu qui ouvre l'avenir !...

Ces œuvres sont plus qu'individuelles, c'est la voix du genre humain dans une langue qui n'a plus de frontières.

Quelle péroraison plus magnifique, et combien imprévue ! car elle ne finit pas dans la fanfare, mais dans la joie du monde nouveau.

L'âme agrandie et plus sensible commence une vie supérieure. Des horizons d'un plus vaste amour se dévoilent...

Au reste, il faut entendre et réentendre cette œuvre immense, pleine de génie, exécutée avec ferveur par l'orchestre du Conservatoire. —Je sentais plus le génie que je ne le comprenais, et j'en étais vraiment heureux; car enfin, c'est la plus grande manifestation de liberté qu'il y ait eu, et ce n'est point en vain.

Il faut se confier à la Providence, qui seule saura tirer parti de ces ressources de vie dont le monde a tant besoin. Les plus grandes créations de l'homme ne peuvent rester enfouies dans les ténèbres. — Mais qui peut dire ce qui se fait en ce moment?... Ce qui nous manque, c'est d'avoir plus confiance.

CVII.

C'est le chef-d'œuvre de Beethoven que la *Symphonie en la.* C'est celle du moins qui me fait le plus de bien.

J'y sens combien l'homme de génie est maître de lui. Il se calme, il se guérit, il s'enchante, il s'élève par ce qu'il trouve en lui-même. Mais que de persécutions, que de douleurs pour expier ces jouissances ineffables ! Ces cris du cœur, ces accents de vérité ne se trouvent que dans des âmes travaillées de Dieu.

Je vois bien que ces œuvres sont sorties en une fois de la plénitude du cœur ; mais qui avait rempli ce cœur ? Par combien de sacrifices, d'efforts inconnus cet homme a-t-il acheté cette heure vraiment divine, où il est dieu, avec l'émotion, avec la reconnaissance de le devenir !

CVIII.

Beethoven s'inspira « dans le temple de la Nature, » comme il le dit lui-même. Il aimait la campagne avec passion. Il composa souvent, assis entre deux chênes, dans un village près de Schœnbrunn. Quand la disposition lui manquait, il sortait quelque temps qu'il fît, marchait à grands pas, et rentrait riche d'inspiration; aussi son teint était brûlé par le soleil comme celui d'un moissonneur.

Mais, dès vingt-huit ans, sa surdité le faisait vivre « semblable à un banni » et le poursuivait à la campagne où il s'était retiré. Il écrit en 1802 : « De quel chagrin j'étais saisi, quand à côté de moi quelqu'un entendait de loin une flûte, et que je n'entendais rien; quand il entendait chanter un pâtre, et que je n'entendais rien! J'en ressentais un désespoir si violent, que peu s'en fallait que je ne misse fin à ma vie.

» L'art seul m'a retenu; il me semblait impossible de quitter le monde avant d'avoir produit tout ce que je sentais devoir produire. C'est ainsi que je continuai cette vie misérable... »

CIX.

Beethoven, dans l'été de 1806 (il avait trente-cinq ans), se rendit à des eaux minérales en Hongrie, espérant y trouver quelque soulagement à sa surdité qui augmentait. C'est de là qu'il écrivit à sa Juliette les trois lettres que M. Schindler a publiées.

Quelle était cette Juliette? Beethoven ne l'a confié à personne. Mais ce que dit chaque mot de ces lettres, c'est qu'ils ne pouvaient être unis.

Elle lui avait inspiré la *sonate en ut dièze mineur*, et les effusions de cet amour remplissent la *symphonie en si bémol*, composée en 1806. Il écrivait en même temps la *symphonie en ut mineur* et la *symphonie pastorale* qui datent des deux années suivantes. La *symphonie en la* ne vient que plus tard, approfondissement suprême d'une âme que tant de souffrances n'avaient pu que rendre plus aimante.

Les lettres à Juliette sont les cris de la passion la plus concentrée, mais les mots lui sont rebelles : « Ma poitrine est pleine de tout ce que j'ai à te dire ; il y a des moments où je trouve que la parole n'est rien. » Dans la musique seule il put épancher la tendresse infinie dont son cœur débordait. Là il se donna tout entier. Combien il fut sincère, jusqu'où il s'ouvrit, il faudrait connaître toutes ses œuvres pour le dire. Beethoven ne pouvant avoir aucun des bonheurs de ce monde, prit son art comme la langue sacrée qui pouvait élever jusqu'à Dieu les passions humaines. Il s'en fit les ailes qui le portèrent à une vie plus libre, plus heureuse !

Que celui qui aime écoute cette musique, il y suivra tous les mouvements de son cœur, car il n'est pas un seul de ces accents qui ne soit l'expression la plus vraie des sentiments humains. Mais celui-là seul qui sera digne par son amour de pénétrer les mystères que je soupçonne à peine, comprendra dans cette musique comment la passion y devient l'héroïsme, comment elle s'y transfigure dans l'éternel amour. « Ah ! mon Dieu ! écrit-il à son amante, contemple la belle nature et calme ton âme, qui se révolte contre la nécessité... Notre amour est un édifice divin et éternel, comme les citadelles célestes. »

CX.

Je le sentais dans la *Symphonie pastorale*, l'homme sincère qui cherche la vérité, trouve un repos pour les agitations du cœur, mais le repos dans l'action même. Que ce mot repos est faux pour ce que je veux dire, c'est une vie plus haute, plus complète en tout sens.

Quelle sublimité dans l'orage! Les lamentations des arbres, l'effroi des voix humaines, la violence du vent, la furie de l'ouragan y restent harmoniques. Puis à mesure que la tempête s'apaise, la vie renaît avec plus de fraîcheur, la joie revient avec je ne sais quoi d'attendri. Il y a surtout un moment de valse ineffable. Tout a repris par cette épreuve une fécondité nouvelle.

Comme ces crises de la nature sont légitimes! — Moi aussi dont l'âme est si pacifique, je remercie Dieu de m'avoir fait assister à ce grand orage des peuples, où l'air est balayé des vapeurs impures, où les intelligences croissent comme les plantes. — Mais au milieu des plus grandes épreuves publiques et domestiques, il ne faut jamais perdre l'idée d'un monde meilleur, ne jamais oublier la vie éternelle pour un moment de crise qui passe.

A l'achèvement de cette symphonie, Beethoven me semble avoir eu conscience de son œuvre, et dire dans les dernières mesures : Ainsi finit le mystère, mystère de vie, de lumière, mystère de vérités éternelles.

CXI.

Je me demandais en entendant cette symphonie, à qui en appartenait l'interprétation.

Aux plus purs, car ils se trouveront naturellement à l'unisson des créations les plus élevées de l'âme humaine. — Mais cela ne suffit pas.

Ces œuvres ne sont point des créations d'esprits célestes détachés du monde. Ce sont des hommes comme nous qui les ont faites, et ils se trouvèrent sur les courants qui nous ont apportés. Mais pour les faire, il leur a fallu par la souffrance contenir l'esprit des foules.

Que chacun s'interroge donc, en présence de ces œuvres, non plus seulement en soi, en ce qu'il a souffert, mais en ce qu'il a aimé, en ce qu'il a souffert pour les autres, en ce qu'il a vu souffrir aux autres. Pour comprendre ces grands artistes, il faut se replacer, toujours par la pensée, au milieu des hommes.

Toute intelligence isolée, solitaire, est insuffisante. Il ne s'agit plus seulement d'y trouver des récréations, des consolations individuelles, mais d'y reconnaître les fleuves qui emportent confondues, glorifiées, toutes les eaux obscures, inconnues, qui coulent par tout le globe.

CXII.

O vous tous qui d'œuvres ou d'intention avez commencé, pressenti, voulu une société qui n'est pas encore, hommes de bonne volonté, de tout art, de toute science, je voudrais vous donner la réparation d'une critique plus juste, plus bienveillante. — Mais si j'en ai le cœur, je n'en ai point la puissance. A d'autres de continuer cette œuvre de justice. Moi, je n'ai voulu que l'indiquer.

Je n'ai pris d'entre vous que ceux qu'il m'a été donné de mieux connaître. Les autres, je ne les méconnais point; je voudrais les avoir mieux étudiés : mais ils ne sont point volontairement oubliés par moi. Mes limites individuelles seules m'empêcheront d'élever cette église sublime où toute science, tout art se trouveraient représentés par tous leurs ouvriers glorieux ou obscurs.

CXIII.

Et vous, grands hommes que j'ai évoqués, je dois déjà vous quitter. Je voudrais rester avec vous, vous trouver de nouvelles raisons de vivre dans la mémoire des hommes, mais les nécessités de ma vie s'y refusent. Elles m'emportent loin de vous.

Je laisse votre doux et chaud abri où s'appuyait ma faiblesse, pour cette mer inconnue du présent où je ne pourrai rien. Vous m'estimiez pour mon respect, pour mon ardent désir de vous comprendre; et, dans le monde où j'entre, on ne m'estimera que ce que je vaux. Cependant je n'oublierai point ce que vous m'avez enseigné. Je réclamerai, moi obscur, auprès de la France pour la France.

CXIV.

Je suis bien ému d'entendre dans cette huitième symphonie (*en fa*) la solitude toujours croissante de Beethoven. Il l'a écrite, devenant sourd, au milieu de ses chagrins de famille, lorsque sa musique déjà moins écoutée, son chef-d'œuvre la *Symphonie en la* fut déclarée le comble de l'absurde.

Que lui reste-t-il? lui-même. Mais est-ce son âme vide, désenchantée?

Au commencement de la symphonie, les

esprits qu'il a créés, qu'il a animés autrefois, reviennent successivement lui donner conscience de mystères, d'approfondissements inconnus. Ils sont toujours jeunes, impatients d'une action nouvelle.

Peu à peu, à la grâce de ces voix attendries, à l'entrain d'une vie si variée, si nombreuse qui se réveille en lui, il se laisse conduire, il commence un nouveau voyage. Car que sont ces grandes œuvres, sinon des marches prophétiques ?

Rien de plus dramatique que cette situation de Beéthoven. Tout ce qu'il eut d'enchantements pour les autres vient consoler cet homme malheureux, déjà délaissé, qui deviendra si aigri, lui dire qu'il est encore inspiré, qu'il le sera toujours. — Son âme lui reste fidèle : elle est toujours aussi entière, plus vaste peut-être, mais je ne trouve plus la chaleur, la ferveur des autres symphonies.

Ce qui est manifeste dans cette œuvre, c'est la décision, la vigueur. Qu'importe que tout lui manque, puisqu'il lui reste le monde qu'il s'est créé? Il ne s'agit plus de réussir pour les autres, mais de réussir pour lui-même. Alors il se donne cette grande action; il s'y livre à toutes ses audaces; il recherche, il atteint en pleine sécurité de concordance les effets les plus hasardés. — A la fin tout s'éteint, vous croyez que tout est fini: et l'homme reparaît plus puissant que jamais.

Mais cette solitude est trop grande. Beethoven au lieu de finir, comme il était dans son génie, par des chants de plus en plus humains et populaires, fut contraint de se renfermer en soi, de vivre de sa substance.

Il fut en ce sens martyr de son temps. Il ne put être étouffé, il fut circonscrit à lui-même dans la plus vaste harmonie individuelle. Mais quelque vaste qu'elle puisse être, c'est un état contre nature d'être réduit à soi-même.

Il resta abandonné, presque oublié jusqu'à sa dernière maladie. La nouvelle s'en répandit partout en Allemagne, avec la rapidité de l'éclair... Plus de vingt mille personnes suivirent son convoi.

En se débattant contre ses propres limites, Beethoven agrandit l'âme humaine tellement qu'elle est devenue par lui harmonique. Mais cette harmonie, image abstraite d'une société meilleure, ce n'est encore que le concert d'esprits invisibles.

Je me disais en sortant de ce concert : C'est un devoir pour moi de parler de ces grands hommes. Si je n'avais pas entendu leurs œuvres, j'aurais pu garder le silence. Maintenant c'est impossible. Je ne puis vivre davantage sans sentir que ma responsabilité augmente.

Je remercie Dieu de m'avoir accordé ces moments d'un bonheur si pur, où il m'a été donné d'entrevoir sa lumière, et je lui demande encore un peu de loisir pour continuer cette entreprise. Mais déjà je suis entré dans l'infini. Où m'arrêterai-je?

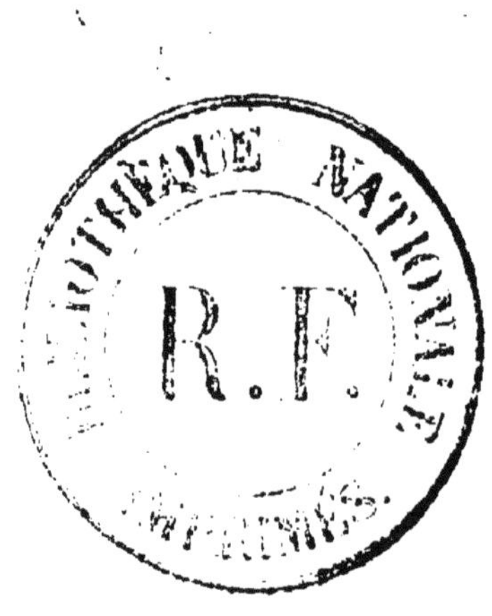

TABLE.

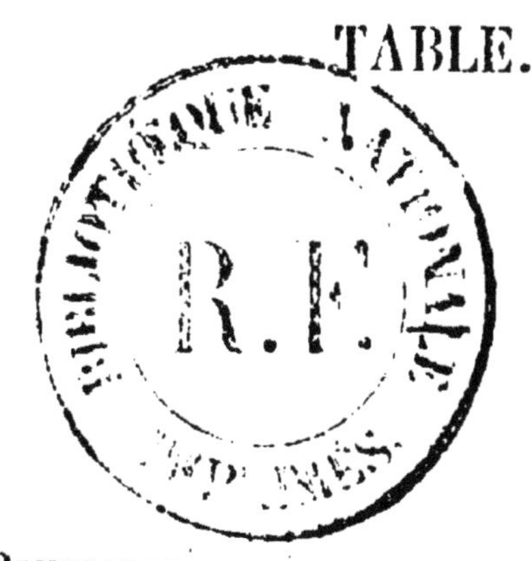

LÉGENDES A FAIRE : **Le Corrége.**

Mozart — Haydn — Beethoven — Weber.

IMPRIMÉ PAR E. THUNOT ET Cie,
26, rue Racine, près de l'Odéon.

www.ingramcontent.com/pod-product-compliance
Ingram Content Group UK Ltd.
Pitfield, Milton Keynes, MK11 3LW, UK
UKHW021135260726
13994UKWH00001B/144

9 782329 305455